六祖惠能

高僧傳

禪源曹溪

編撰——李明書

【編撰者簡介】

李明書

一九八五年生，臺灣大學哲學博士，現任武漢華中科技大學哲學系講師（相當於臺灣之助理教授）。研究方向為佛教哲學，尤其重視人文思想與生命之間的關係，應用於生命實踐上。

著有《從《論語》與《雜阿含經》看感官欲望》、《論心之所向——《論語》與《雜阿含經》比較研究》，及二十餘篇學術論文。

曾獲如學禪師佛教文化博碩士論文獎、第六屆世界青年佛學研討會論文優勝獎、復旦大學國學論壇論文特等獎、中國人民大學學術創新論壇優秀獎等多種學術獎項。

【「高僧傳」系列編輯序】

令眾生生歡喜者，則令一切如來歡喜

「為佛教，為眾生」六個字，乃是印順法師於臺北市龍江街慧日講堂（後因大門遷移，地址遷至朱崙街）為證嚴法師授予三皈依、並賜法名時的殷殷叮囑：「既然出家了，你要時時刻刻為佛教、為眾生。」

依證嚴法師解釋：「為佛教」是內修清淨行，「為眾生」則要挑起如來家業，走入人群救度眾生。因此法師稟承師訓，一心一志「為佛教還原教義，為眾生點亮心燈」，而開展慈濟眾生的志業。

歷代高僧之「為佛教、為眾生」

證嚴法師開創「靜思法脈，慈濟宗門」，並將其與「為佛教，為眾生」合釋：「靜思法脈」乃「為佛教」，是智慧；「慈濟宗門」即「為眾生」，是大愛。

進而言之，「靜思法脈，慈濟宗門」即菩薩道所強調的「悲智雙運」：「靜思法脈」是「智」，「慈濟宗門」是「悲」；傳承法脈、弘揚宗門就要「悲智雙運」，積極在人間發揮慈、悲、喜、捨四無量心。此亦即慈濟人開展四大志業、八大法印時的根本心要。

由其強調「悲智雙運」可知，「靜思法脈，慈濟宗門」並非標新立異，而是傳承佛陀教法以及漢傳佛教歷代高僧的教誨——包括身教與言教，並要求身心皆徹底踐履。為了讓世人明瞭慈濟宗門之初心與悲願，也讓這些歷代高僧的事蹟與精神更廣為人知，大愛電視臺秉持證嚴法師的信念，於二〇〇三年起陸續製作《鑑真大和尚》與《印順導師傳》動畫電影，將佛教史上高僧大德的動人故事，經由動畫電影的形式，傳遞到全世界。

因為電影的成功，大愛電視臺進一步籌畫更詳盡的電視版〈高僧傳〉——採取臺灣民眾雅俗共賞的歌仔戲形式。〈高僧傳〉的每一部劇本都是經過數個月的資料研讀與整理，縝密思考後才下筆，句句考證、字字斟酌。製作團隊感受到每一位大師皆以身作則、行菩薩道的特質，希望將每位高僧的大願與大行傳遍世界。

然而，不論是動畫或戲劇，恐難完整呈現《高僧傳》中所載之生命歷程，以及諸位高僧與祖師之思想以及對後世之貢獻。因此，慈濟人文志業中心便就〈高僧傳〉歌仔戲所演繹過的高僧，以《高僧傳》及《續高僧傳》之原著為基礎，含括了日、韓等國之佛教史上的知名高僧，編撰「高僧傳」系列叢書。我們不採取坊間已有之小說體形式，而是嚴謹地參照人物評傳的現代寫法，參酌相關之史著及評論，對其事蹟有所探討與省思，並將其社會背景、思想及影響皆納入，雜揉編撰，內容包括高僧的生平、傳承及主要思想或重要經典簡介。從中，我們不僅可以讀到歷代高僧的智慧與悲心，亦可一覽相關的佛教史地、典籍與思想。

在編輯過程中，我們可以看到歷代高僧之「為佛教，為眾生」：鳩摩羅什飽受戰亂、顛沛流離，仍戮力譯經，得令後人傳誦不絕，乃是為利益眾生；玄奘歷萬里之險取得梵本佛經、致力翻譯，其苦心孤詣，是為利益眾生；鑑真六次渡海欲至東瀛傳戒，眼盲亦不悔，是為利益眾生；六祖惠能隱居十五載以避害身之禍，只為弘揚如來心法，並言「佛法在世間，不離世間覺；離世求菩提，猶如覓兔角」，亦是為利益眾生……

這些高僧祖師大可獨善其身、如法修行以得解脫，為何要為法忘身、受諸逆境而不退？究其根本，他們不只是為了參究佛法，而是深知弘揚大乘佛法的目的乃在於大慈大悲地度化眾生、讓眾生能得安樂；若不能讓眾生同霑法益，求法何用？如《大智度論．卷二七》所云：

一切諸佛法中，慈悲為大；若無大慈大悲，便早入涅槃。

由此可知，就大乘精神而言，「為佛教」即應「為眾生」，實為一體之兩面。

「大悲」為「諸佛之祖母」

除了歷代高僧之示現，「為眾生」之菩薩道的實踐，於經教中更是多不勝數、歷歷可證。例如，《無量義經．德行品第一》便說明了菩薩作為眾生之大導師、大船師、大醫王之無量大悲：

無量大悲救苦眾生，是諸眾生真善知識，是諸眾生大良福田，是諸眾生不請之師，是諸眾生安隱樂處、救處、護處、大依止處。處處為眾作大導師，能為生盲而作眼目，聾劓啞者作耳鼻舌；諸根毀缺能令具足，顛狂荒亂作大正念。船師、大船師運載群生渡生死河，置涅槃岸；醫王、大醫王，分別病相曉了藥性，隨病授藥令眾樂服；調御、大調御，無諸放逸行，猶如象馬師，能調無不調；師子勇猛，威伏眾獸，難可沮壞。

如來於《法華經．觀世音菩薩普門品》中宣說，觀世音菩薩更以三十三種應化身度化眾生：

佛告無盡意菩薩：善男子，若有國土眾生，應以佛身得度者，觀世音菩薩即現佛身而為說法；應以辟支佛身得度者，即現辟支佛身而為說法；應以聲聞身得度者，即現聲聞身而為說法；應以梵王身得度者，即現梵王身而為說法；應以帝釋身得度者，即現帝釋身而為說法……應以天龍、夜叉、乾闥婆、阿修羅、迦樓羅、緊那羅、摩侯羅伽、人非人等身得度者，即皆現之而為說法；應以執金剛神得度者，即現執金剛神而為說法。無盡意，是觀世音菩薩成就如是功德，以種種形遊諸國土，度脫眾生，是故汝等應當一心供養觀世音菩薩。是觀世音菩薩摩訶薩，於怖畏急難之中能施無畏，是故此娑婆世界皆號之為施無畏者。

為何觀世音菩薩要聞聲救苦？因為菩薩總是「人傷我痛、人苦我悲」，恆以「利他」為念。如《大丈夫論》所云：

菩薩見他苦時，即是菩薩極苦；見他樂時，即是菩薩大樂。以是故，菩薩恆為利他。

正是因為這般順隨眾生、「以種種形」而令其無畏的無量悲心，讓觀世音菩薩受到漢傳佛教乃至於華人民間信仰的共同崇敬。慈濟人之所以超越貧富、超越國界、超越宗教地去關懷與膚慰需要幫助的生命，便是效法觀世音菩薩無量悲心、無量應化的精神。

在《法華經．普賢菩薩勸發品》中發願、將於佛滅後守護及教導受持《法華經》之眾生的普賢菩薩，於《華嚴經．普賢行願品》中則教導善財童子如何供養諸佛，亦揭示了如來、菩薩、眾生的關係：

於諸病苦，為作良醫；於失道者，示其正路；於闇夜中，為作光明；於貧窮者，令得伏藏。菩薩如是平等饒益一切眾生。何以故？菩薩若能隨順眾生，則為隨順供養諸佛；若於眾生，尊重承事，則為尊重承事如來；若令眾生生歡喜者，則令一切如來歡喜。何以故？諸佛如來，以大悲心而為體故。因於眾生，而起大悲；因於大悲，生菩提心；因菩提心，成等正覺。……若諸菩薩，以大悲水饒益眾生，則能成就阿耨多羅三藐三菩提故。是故菩提，屬於眾生；若無眾生，一切菩薩終不能成無上正覺。善男子，汝於此義，應如是解。以於眾生心平等故，則能成就圓滿大悲；以大悲心隨眾生故，則能成就供養如來。

《大智度論．卷二〇》亦云，佛陀強調，大悲心乃是諸佛菩薩之根本，具大悲心方能得般若智慧，亦方能成佛：

大悲，是一切諸佛、菩薩功德之根本，是般若波羅蜜之母，諸佛之祖母。菩薩以大悲心，故得般若波羅蜜；得般若波羅蜜，故得作佛。

「菩薩若能隨順眾生，則為隨順供養諸佛；若於眾生，尊重承事，則為尊重承事如來；若令眾生生歡喜者，則令一切如來歡喜。」閱及此段，不禁令人深深體會證嚴法師之智慧與悲心：慈濟宗門四大、八印之聞聲救苦、無量應化地「為眾生」，也是同時「為佛教」地供養諸佛、令一切如來歡喜啊！

歷代高僧雖未如慈濟宗門般推動慈善、醫療、乃至於環保、國際賑災等志業，乃因其時空因素，欲度化眾生先以弘揚大乘經教與法義為重；現今經教已備，所須的乃是效法菩薩道之力行實踐！慈濟宗門便是上承歷代高僧與經論之教法，推動四大、八印，行菩薩道饒益眾生，以此供養如來。

換言之，歷代高僧之風範、智慧及悲願，為佛教，也為眾生，此即諸佛菩薩之本懷，亦為慈濟宗門之本懷！這便是《高僧傳》系列叢書所欲彰顯者。

遙企歷代高僧儼然身影，我們可以肯定：為眾生，便是為佛教；為佛教，一定要為眾生！

【推薦序一】

不可思議的六祖惠能

——高柏園（淡江大學中國文學系教授）

禪宗以不立文字、明心見性、頓悟成佛為教，而禪師自身其實就是一大公案、一大故事，靜待吾人善參。將惠能大師一生以傳記方式表現，不但本身深具意義，更是與其生命智慧如如相應。

惠能大師一生充滿傳奇與種種不可思議！一介樵夫，居然獨受衣缽，不可思議！因緣不足，深隱獵群，不可思議！弘法天下，殺活痛快，不可思議！凡此種種不可思議，其實正是惠能大師一生之行誼道範，而傳記體更是將此不可思議融入不可說的日用平常，可謂深得禪趣，獨契禪機。

依惠能，心性是一，即自性般若；愚人善人佛性本無差別，其愚智之別，端在迷悟不同；是以世人終日口念般若，不識自性般若，猶如說食不飽。所謂識自性般若，只是一「覺」字；不悟即佛是眾生，一念悟時眾生是佛。佛性我固有之，而此性之發用乃在心上說，而此心又是對應一切因緣而起用；是以先明心而能見性，而此明心非他，即心之自覺自悟而已。

今心之相應一切法而起用，也就是在日常生活中實踐而開悟；凡是抽離現實生命之種種而求一超越之自性，皆是一種抽象之偏執，如執空為一物一般。惠能大師批評臥輪禪師，而自謂無技倆，其實就是老老實實在當下反省自覺，明心見性，見性起修；若不明心、不覺性，凡一切皆執，何修之有！

果如此，則惠能大師之傳記，便是對生活的親切體會，忠實契入。此中既無臥輪禪師之不凡技倆，亦無須如神秀上座時時以拂拭塵埃為教，反而應抓住頭腦，當下自覺，此方法為生死關頭，便宜不得也。

宋明理學朱陸鵝湖之會，其中便論及工夫修養次第問題；朱子主張先涵養後察識，而象山則強調先察識後涵養。今神秀上座時時勤拂拭，莫使惹塵埃者，即是先涵養吾人之心，使心靜理明，而後合於道；而象山則認為若不先識本心，只是涵養其實無根，都是外緣工夫而已！此則與惠能之教頗為相應。同時，既是自識本心，則此中單在一「覺」字，無更多糾葛，是以特顯一簡易之教。惟此簡易之教可謂石頭路滑，非利根大器，亦不足以承此大教密意也。

李明書博士性情溫厚，勤學多聞，尤以儒家哲學、佛教哲學見長，而更以生命哲學、生命倫理學為切入點。從其博士論文《佛教經典視角的性別哲學研究》，正見其特有之研究進路與成果，其獲「如學禪師佛教文化博碩士論文獎學金」之肯定，可謂實至名歸。既是關心生命教育，是以此次對《六祖惠能》之撰寫，一者可以繼續開發其對生命哲學之關懷，二者可以以簡易之文字接引讀者，誠為學界之美事也。

與李博士相識十餘年，見其勇猛精進，劍及履及，後生可畏，信哉斯言。

今《六祖惠能》付梓出版，吾為明書博士賀，也為讀者諸君慶，佳作先嘗，不亦快哉！是為序。

【推薦序二】

於「似懂非懂」間體悟禪意

——黃國清（南華大學宗教學研究所副教授暨所長）

六祖惠能是促使中國禪宗在思想與禪法上發生巨大轉折的傳奇性人物，他所講述的《六祖壇經》是唯一獲稱為「經」的中國佛教著作。惠能這個名字在東亞廣為人知，更傳頌到歐美，《六祖壇經》亦可說是一部世界名著。相較於惠能與《六祖壇經》的名氣高顯、影響面廣，但真能理解其深刻禪法意趣者其實並不多。

這是一部富含文學趣味的傳記式語錄，卻蘊有非常精深的智慧領悟，其語言表達是精煉的，多為精神悟境的直接流露，有其言外之意；加上不明說修學理路與次第，需上等根機者方能明其奧義。大多數讀者披覽《六祖壇經》，就這樣似懂非懂，精神境界好像有所推進，又懷著許多疑惑。

禪宗初祖菩提達摩帶來中國的是印度禪法，以《楞伽經》為宗，其中融貫了如來藏、唯識說與菩薩修證次第，以經典教理支撐禪悟心宗。到了五祖弘忍的東山法門，既沿襲《楞伽經》的禪法，又凸出《金剛經》的般若空性法門，這同時是漸悟轉向頓悟的契機。

五祖門下優秀弟子神秀偏向漸悟禪法，傳法北方，獲得帝師殊榮；惠能則深悟《金剛經》，提出頓悟途徑，潛跡南地，廣教禪門英才。神秀與惠能之間的關係並非如《壇經》所見那麼緊張；文獻記載，神秀晚年被召入宮，因年事已高，而向皇帝推薦師弟惠能。《六祖壇經》中不免攙入弟子們的正統之爭，誇大了付法過程的傳奇色彩；其實，頓悟與漸修二種禪法進路應非如此涇渭分明，只是北宗、南宗各有著重的面向。

既然《六祖壇經》是智慧悟境的呈現，如果遇不上真開法眼的大善知識傳遮心宗，中下根機者如何通過文字以把握其間奧義？解說較了義的經典教說不失為提升智慧的良好憑藉，可幫助了解《六祖壇經》的真理意涵。惠能並沒有那麼排斥語言文字，極端不立文字是出自後學的主張。他依弘忍講解《金剛經》而開悟，聽聞他人轉述經典文句即能依所悟真理一以貫之。

確實，究竟真理悟境是離言說的，但離開了語言文字，真理也無從傳遞。《中論．觀四諦品》提醒佛教行者：「若不依俗諦，不得第一義；不得第一義，則不得涅槃。」以指示月，依手指方向始知月在何處，只是而要能見月忘指。

李明書博士原就讀中國文學系，擁有良好的現代中文表達能力；後轉入哲學博士班深造佛教哲學，對佛經教理具備專業學養。他結合這些能力撰寫《六祖惠能》，內容頗佳，希望我能為此新書寫序，這是末學的榮幸。

詳閱此書，個人覺得有幾點特色：一、文字淺近優美，助益現代讀者了解惠能的生平與思想。二、連結佛經教理，使《六祖壇經》的思想更加顯明，有利閱讀者獲得深入的理解。三、帶入學術見解，於必要處提供學術知識以釐清可能的混淆，又不妨礙行文流暢。

這是一本以學術涵養為基礎而以大眾讀者為對象撰寫的佛教著作，其中不乏作者個人的創新觀點，堪為佳作，本人非常樂意推薦。

【編撰者序】

向無分古今的禪宗大師致敬

這次能有撰寫此本《六祖惠能》的因緣，首先來自於東海大學哲學系蔡家和教授向慈濟出版部編輯賴志銘博士推薦，而後獲得志銘兄肯定，給予我充分的時間與空間發揮。

初接此案時，除了研讀《六祖壇經》之外，也一邊蒐羅坊間已經出版的傳記，思索本書的定位，以及在相同類型的書籍之外，還能提出什麼創新的作法。拜讀楊惠南、溫金玉等諸位前輩學者所撰的《惠能傳》後，實已感到十分佩服；前輩們對於惠能大師思想的解讀、生平背景的考證，已是深入而詳盡，以自己對於禪宗思想粗淺的認識，實難以出於其右。規畫良久之後，設想在符合史實的條件之上，增強故事性，並將《壇經》的義理，盡可能以老嫗能解的文字表達，或許是拓展其可讀性與特殊性的出路。

擬定此目標之後，原是非常欣喜；因為，就自己研讀佛教經論的經驗發現，以概念解釋概念，或者以艱澀的文字解讀經文，往往不是什麼困難之事。然而，開始動筆才發現，要以淺白的文字解釋艱深的經典，才是不易之處；尤其以《壇經》的文字而言，許多地方已具有口語特色，要再以不同的文字表達，唯恐失去原意。

依據於這些考量，我盡可能累積大量的詞彙，對照《壇經》與現今語境的差異，將惠能大師說法的對象，設想成今人、而且是今日對於佛法無任何基礎的人，如何去理解這些道理以及唐代的口語。每寫就一定之段落，便請家人或友人先行閱讀；若仍有不懂之處，則進行調整。反覆數次之後，才定下文字。

惠能大師的生平遭遇，是另一個難以處理的部分。依照中國撰史的體例可知，能夠被詳細記錄史書並考證的人，除了帝王家之外，便是歷代之重臣；否則，即便是當代知名人士，頂多只能由相關的野史、零星的記載、或在他人的傳記中拼湊出此人的全貌。惠能大師固然著名於古今，然而其身分亦是如此；尤其他的宗教身分，使其傳說之中夾雜些許神通、神蹟的成分，令人難辨真偽。

本書雖也收錄了部分這般「不可思議」的記載，例如「張其昌行刺惠能、以刀砍惠能而毫髮無傷」之事；然而，經由這些故事所能帶給讀者的啟發，其價值相信是大過於其真實性的。關於這一點，讀者們不論在閱讀本書或相關著作時，皆應有如此的認知。

是故，本書雖非嚴謹的學術之作，但過分誇張的傳說，或者僅見於單一坊間書籍的記載，則通常不予收錄。在這樣的條件下，本書一方面加強思想文本的解讀，另一方面則加入某些情節的設想以增加傳記的可讀性。

例如，惠能大師與父母、弟子之間的相處細節，以及第一部分第四章穿插了若干做為結語的對聯，皆是在不妨礙正文與史傳的真實性下所增添的情節。這部分雖具有杜撰的色彩，但整體架構的真實性是經過相當程度的考證而無庸置疑的。

整體而言，相較於坊間既有的《惠能傳》，本書希望能再展現出不同的敘事風格，希望對於一般讀者的閱讀，以及學者之間如何解讀佛教義理，皆能有所助益。

筆者藉由本書的撰寫，得以更為全面地認識惠能大師，終於逐漸明白大師在佛教史上的地位，及其思想歷久不衰、影響後世深遠的原因；除了以淺顯而近乎口語的語言表達深奧的佛法、而且又能直指佛法的核心之外，還注重實際的踐履，以身作則，不分貧富貴賤地陪伴時人共同修行。影響至今，上承自禪宗的各大祖師，皆具有這樣的特質。

將全書定稿後，其實仍多有未盡之處。如同多數的思想經典，越是研讀，則越覺得有寬廣的詮釋空間，是吾人所未能表達之處，才因此不斷有人從不同的視角、語言等面向，為其提出嶄新的見解。雖是如此，每個階段、時代為經典所下的註腳，總須先有個段落，後人才能在前人的見解上持續地思考、翻越；

本書遂也在一定的自我檢視與審核之下，付梓出版。

因預定的撰稿期間內，遭逢內人祖母逝世、至境外進行嶄新的工作、舉家搬遷等諸多事務，導致進度一拖再拖，對於志銘兄甚感歉意！同時也因志銘兄與慈濟人文志業中心的包容，而充滿無盡的感激之情！

除此之外，恩師高柏園教授與南華大學宗教所黃國清所長，在接受筆者邀約之後，義不容辭地表示支持與鼓勵，於百忙之中為本書撰寫寶貴的序文，使本書增添無上的光彩，也見出兩位師長對於晚輩的提攜盛情。

不可或缺的，內人在這過程中的陪伴，使我倍有動力；另有兩隻博美小犬不時地吠叫打斷，雖多少拖延了一點進度，卻也是對於自身修養的鍛鍊。本書不僅在自我認可的標準下完成，個人的耐心與毅力亦是增加不少。

謹將撰寫本書的功德，迴向給已逝的親人，以及促成此善因緣的所有人事物。

目錄

示現

今以釋迦文佛首傳摩訶迦葉尊者……二十八，菩提達摩尊者；二十九，慧可大師；三十，僧璨大師；三十一，道信大師；三十二，弘忍大師；惠能是為三十三祖。

大師曰：「佛性之理，非關文字能解，今不識文字何怪？」眾人

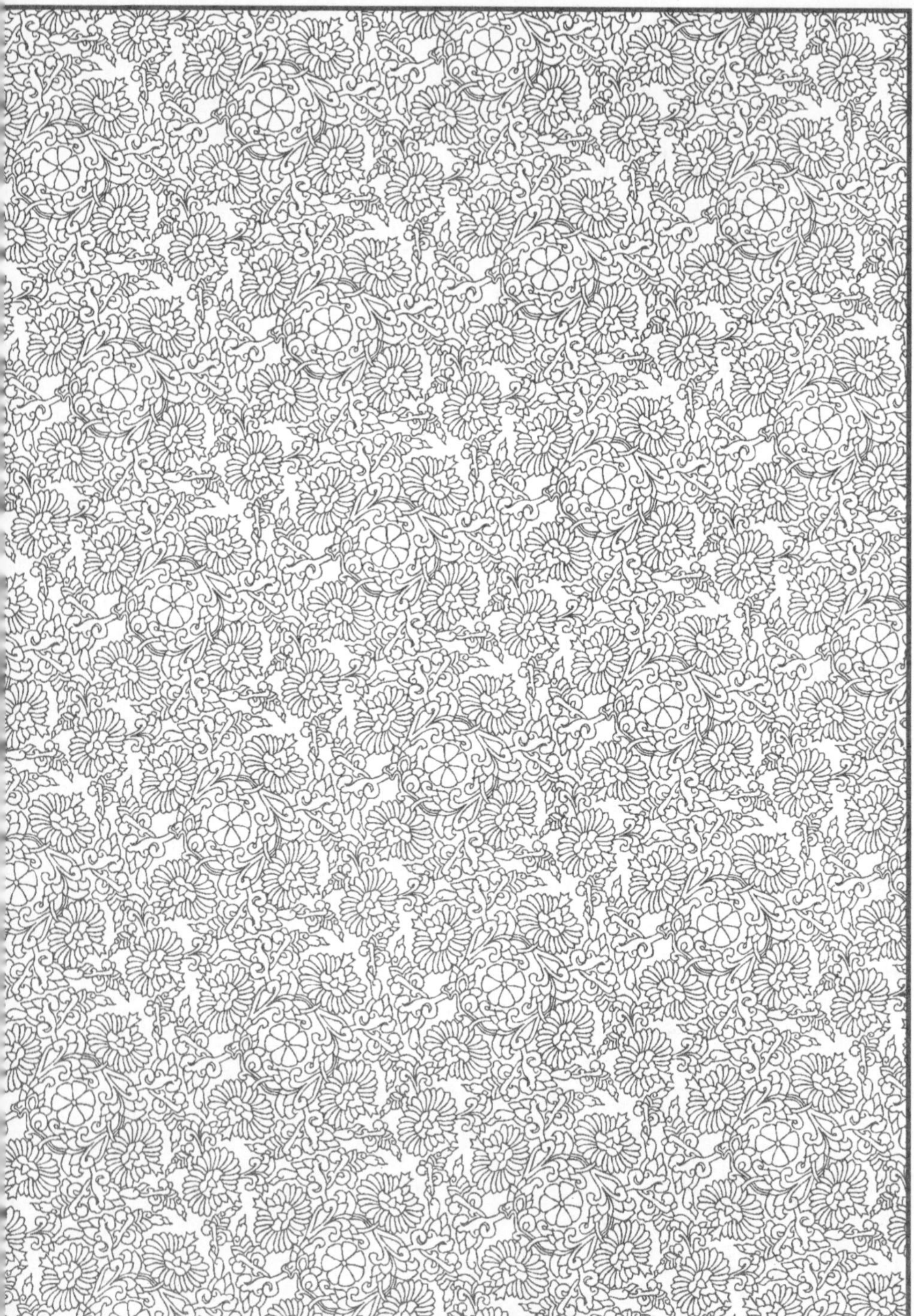

示現

緣起

從菩提達摩到五祖弘忍

今以釋迦文佛首傳摩訶迦葉尊者……二十八，菩提達摩尊者；二十九，慧可大師；三十，僧璨大師；三十一，道信大師；三十二，弘忍大師；惠能是為三十三祖。

在惠能出生（西元六三八年）前，禪宗在中國已經傳布了一百多年。菩提達摩將禪法帶至中土，但人們遇而未信，因為達摩禪與當時佛教重視宣講、佛經義理研究的特色並不相容。

到了二祖慧可依然不拘泥文句，以「玄籍遐覽，未始經心」的作風被人批評。三祖僧璨一生遁隱山野，文獻中對他的記載不多，《楞伽師資記》說他：「蕭然淨坐」、「祕不傳法」，足見其禪法在當時並未流行。

中國禪宗直到四祖道信才逐漸引起重視，有一突破性的進展。道信對於僧人的生活規範和定居傳法（雙峰山）的方始，已顯現了初步的叢林制度，更為人所接受。在修行上，他突出「當下即是」之心，採用「一行三昧」的念佛法門，揉合了《楞伽經》與《文殊般若經》。

到了五祖弘忍，接續發揚道信的禪法，其「東山法門」以心法為宗，《宗鏡錄》中說弘忍常言：「諸祖只是以心傳心，達者印可，更無別法。」弘忍轉變了達摩的「藉教悟宗」，強調以心為本、守本真心。

東土這五位祖師是惠能思想的源頭活水，使惠能禪法後來承繼時，亦展現了開創與變化。

一葦渡江：達摩初祖

被中國禪宗奉為東土初祖菩提達摩（Bodhidharma）深富傳奇性。據傳，他是南天竺（印度）國香至王的第三個兒子，《洛陽伽藍記》則說他是波斯國的胡人；原名菩提多羅，從般若多羅尊者得法後改名。《續高僧傳》說達摩：「神慧疏朗，聞皆曉悟，志存大乘。」

大約在南朝梁武帝年間（西元五二〇至五二六年在位），達摩承師遺訓，東渡中土，馬上就被梁武帝迎請至建康，請求達摩開示。梁武帝認為自己即位以來，做了很多造寺、寫經、度僧的好事，於是問達摩：「這樣有什麼功德呢？」沒想到達摩禪師卻直接告訴皇帝：「此但人天小果，有漏之因，如影隨形，雖有非實。」話不投機之下，達摩當然沒有得到梁武帝的重視。

除了機緣不契之外，達摩在抵達中國前，般若多羅尊者也曾有叮囑：「汝至時，南方勿住；彼唯好有為功業，不見佛理，汝縱到彼，亦不可久留。」既然和梁武帝話不投機，達摩便動身離開。

梁武帝不久後便生悔意，急忙派人追回達摩。當大批人潮聚集江邊時，只見達摩隨手折下江邊的一支蘆葦拋入江中，將其做為扁舟，輕巧自在地渡江離去。這就是著名的傳說「一葦渡江」。

渡江後的達摩到了嵩山少林寺，展開隱居修行的生活。達摩終日面壁默然，長達九年，時人稱為「壁觀婆羅門」。

什麼是「壁觀」呢？宗密在《禪源諸詮集都序》說：「達摩以壁觀教人安心，云『外止諸緣，內心無喘，心如牆壁，可以入道』，豈不是正是坐禪之法？」

達摩的禪法最主要的是「二入四行」，二入就是理入和行入。什麼是「理入」呢？《續高僧傳》云：

謂藉教悟宗，深信含生同一真性，客塵障故，令舍偽歸真。凝住壁觀，無自無他，凡聖等一，堅住不移，更不隨他教。與道冥符，寂然無為，名理入也。

可以知道，理入是從道理上去通達，「藉教悟宗」來體會佛法真諦——眾生都是同一佛性，要捨去妄念執著，凝住壁觀，沒有主觀（自）、客觀（他）的區別，凡夫和聖人都是等一無差別相，與真如相符，心境上寂然無為，就是「理入」。

什麼是「行入」呢？即作為實踐法門的四種修行工夫：

行入四行，萬行同攝。初「報怨行」者：修道苦至，當念往劫舍本逐末，多起愛憎；今雖無犯，是我宿作，甘心受之，都無怨懟。經云：「逢苦不憂，識達故也。」此心生時，與道無違，體怨講道故也。二「隨緣行」者：眾生無我，苦樂隨緣，縱得榮譽等事，宿因所構，今方得之，緣盡還無，何喜之有？得失隨緣，心無增減，違順風靜，冥順於法也。三名「無所求行」：世人長迷，處處貪著，名之為求；道士悟真，理與俗反，安心無為，形隨運轉，三界皆苦，誰而得安？經曰：「有求皆苦，無求乃樂也。」四名「稱法行」，即性淨之理也。

印順法師在《中國禪宗史》提到：「（達摩的）前三行（即報怨行、隨緣行、無所求行）是對『怨憎會』、『愛別離』、『求不得』苦的進修。」通過三行的實踐，讓行為合於性淨之理。

達摩的禪法和當時盛行的宣講佛經風氣並不相容，《續高僧傳》載：「于時，合國盛弘講授，乍聞定法，多生譏謗。」由此可知，達摩的「定法」不僅沒有被人接受，甚至是被批評的。

關於菩提達摩最後蹤跡，文獻、傳說記載不一。相傳他六次被毒，某次進食有毒飯菜後，居然吐出一條毒蛇。也有人說達摩在確立傳法予慧可後，自行決定中毒而亡，亦有說其「遊化為務，莫測於終」。

最富傳說色彩的當屬「隻履西歸」一說。《景德傳燈錄》記載：「（達摩）葬熊耳山，起塔於定林寺。魏宋雲奉從西域回，遇祖於葱嶺，見手携隻履，翩翩獨逝。雲問：『師何往？』祖曰：『西天去。』又謂雲曰：『汝主已厭世。』雲聞之茫然，別師東邁。既覆命，即明帝已登遐矣，而孝莊即位，雲具奏其事。帝令啟壙，唯空棺，一隻革履存焉，舉朝為之驚嘆。奉詔取遺履，於少林寺供養。」

斷臂求法：二祖慧可

相傳當初達摩面壁九年，欲尋覓一個傳人；成為其傳人的，正是慧可（西元四八七年至五九三年）。

慧可俗姓姬，洛陽虎牢（今河南省滎陽）人，原名神光。少為儒生時博覽群書，尤擅《老》、《莊》。後來到了洛陽龍門香山隨寶靜禪師出家，於永穆寺受具足戒，約四十歲時遇到行至嵩洛一帶遊化的達摩，遂拜其為師。

「立雪斷臂」是關於慧可求法的著名傳說。相傳，有次參禪時，慧可得到指示前往南方，遂前往嵩山少林寺，遇到了達摩禪師；然而，達摩終日面壁，不發一語。慧可並不因此氣餒，早晚跟隨於後，內心日益虔誠。

寒冬某日，達摩在洞穴裡打坐，慧可站立於外，大雪緩緩落下；沒過多久，大地成了一片白茫茫，慧可雙腿也被雪給覆蓋了。隔天，達摩走到洞口看到這場景，望著在雪中站立的慧可，問他：「你在雪中站這麼久，想要求什麼事呢？」慧可說：「希望和尚您大發慈悲，開甘露門，廣度群品。」衷心道出他求法的心意。達摩說：「諸佛無上妙道，是要通過長時間的勤苦精進，要忍人之所不能忍，行常人之所不能行，才能得證，豈能是那些小德小智，懷著輕慢心的人可以得證大乘佛法的呢？」

聽了達摩這番話，慧可取出自己隨身攜帶的戒刀，毅然砍下左臂！這般為法不惜捨身的決心感動了達摩；在鮮血染紅白雪的冬日裡，達摩收他為徒，並將其法名神光改為「慧可」。

慧可跟隨達摩學習了六年，「精究一乘」。《景德傳燈錄》記載，達摩傳法給慧可時曾說：「吾有《楞伽經》四卷，亦用付汝，即是如來心地要門，令諸眾生開示悟入。」

達摩以《楞伽》印心，慧可的思想也是承襲達摩而來，在一段回答向居士的詩偈中，慧可曾云：

說此真法皆如實，與真幽理竟不殊；本迷摩尼謂瓦礫，豁然自覺是真珠。
無明智慧等無異，當知萬法即皆如；憫此二見之徒輩，伸辭措筆作斯書。
觀身與佛不差別，何須更覓彼無餘（涅槃）？

慧可的說法合於達摩「深信含生同一真性」，更近一步提出了「萬法皆如」、「身佛不二」的看法。

相傳當年達摩入滅後，慧可也隨之隱居。後來受到眾人禮請出山傳布佛法，在當時的首都鄴城，「言滿天下，意非建立；玄籍遐覽，未始經心」，卻也因此受到許多滯文之徒的批評；道恆禪師「謂是魔語」，甚至「貨賕俗府，非理屠害」受到迫害。

傳說慧可晚年混俗於市井，《景德傳燈錄》記載：「韜光混跡，變易儀相，或入於諸酒肆，或過於屠門，或習街談，或隨廝役。」另傳說其晚年講道時由於跟隨者眾，排擠到了辯和法師的人氣，於是辯和誣告慧可妖言惑眾，導致慧可被處以極刑；慧可遭斬首時不見鮮血，卻流出如鮮奶般的白色液體。

儘管傳說故事並非信史，但可知禪宗此時在中國的發展，仍然是被壓抑、處於低調發展的階段。

祕不傳法：三祖僧璨

承繼慧可的是僧璨禪師。僧璨約出生於北齊時代，原是一位虔誠的在家居士，大約四十歲時謁見慧可。

《祖堂集》記載，當時的僧璨身患疾病，祈求慧可為自己懺悔罪業；慧可聽了便問：「你有什麼罪過呢？把罪過說出來，讓我來為你懺罪。」聽到大師這樣問，僧璨反而說不出話來了，只好老實回答：「其實我也找不出自己的罪在哪裡。」於是慧可說：「我已經為你懺悔過了。你應當要皈依佛法，出家修持。」

僧璨遂請求慧可替自己開示。慧可說：「是心是佛，是心是法；法佛無二，汝知之乎？」僧璨領悟地說：「今日始知罪性，不在內，不在外，不在中間，如其心然，佛法無二也。」聽到這樣的回答，慧可認為其是可造之材，甚為器重，於是替僧璨剃度並賜名：「是吾寶也，宜名僧璨。」

當慧可將正法眼藏傳授給僧璨時，特地囑咐：「汝受吾教，宜處深入，未可行化，當有國難。」果然後來發生了北周武帝滅佛之禍。據《歷代法寶記》記載，僧璨：「佯狂市肆，後隱舒州司空山；遭周武帝滅佛法，隱皖公山十年餘。」

這位生平事跡、家鄉俗姓都不詳的三祖，在《楞伽師資記》中對他的評論為：「隱思空山，蕭然淨坐；不出文記，祕不傳法。」僧璨一生都在山林之中遁隱，禪宗此時也並未廣為開展。

據傳，僧璨有一篇著作〈信心銘〉，以頌偈體說明開悟的方法與境界，收入《景德傳燈錄．卷三十》。

然而，在《景德傳燈錄．卷三十》中，收有〈三祖僧璨大師信心銘〉與〈牛頭山初祖法融禪師心銘〉兩篇，二者主題、內容、及文句皆頗為相近，因此近代學者懷疑此兩篇著作的來源相同；而《楞伽師資記》載僧璨「不出文記，祕不傳法」，因此多推論作者應為法融。

百丈懷海禪師是最早以〈信心銘〉教授弟子的祖師，趙州禪師則經常引「至道無難，唯嫌揀擇」來接引學人。之後，此篇一直受後世禪宗重視。

承先啟後：四祖道信

中國禪宗扮演承先啟後重要角色者，當屬道信。道信（西元五八〇年至六五一年）俗姓司馬，七歲即出家，大約十四歲時到了皖山深處禮拜僧璨為師。求法時，道信請求僧璨：「願大師慈悲為懷，為我解脫束縛。」僧璨便問他：「是誰束縛了你呢？」道信回答：「沒有人束縛我。」僧璨接著說：「既然無人束縛，那還要求什麼解脫呢？」經僧璨一番點撥，道信言下大悟，從此隨侍僧璨。

《楞伽師資記》說道信：「奉事粲（璨）十二年，寫器傳燈。燈成就，粲印道信，了了見佛性處。」通過印可後，僧璨便傳衣付法予道信。

自道信起，以雙峰山作為傳法固定的根據地，禪宗便迅速發展起來。依《歷代法寶記》所載：「信大師大作佛事，廣開法門，接引群品，四方龍象，盡受皈依。」

除了於固定道場傳授禪法之外，道信號召門人從事作務，提出「農禪並舉」的自給自足生活方式；當僧人們生活有保障時，禪宗的傳播也更為有利。

在禪法方面，道信開始將《楞伽經》與《文殊說般若經》（指南朝梁曼陀羅仙所譯，二卷本）等量齊觀，把一行三昧的念佛法門結合《楞伽》的「諸佛心第一」，從中凸顯「當下即是」的念佛之心，成就其安心方便法門。

大陸學者溫金玉指出，學者常言初祖達摩以四卷《楞伽經》印心，六祖惠能卻以《金剛經》印心，而將此二者對立；其實，其中的轉折實為道信禪師。他將《般若》與《楞伽》相結合，並任意把《文殊說般若經》與《楞伽經》的句子揉和在一起，既注重般若空觀，又未脫離《楞伽經》所宣說的自性清淨心；在實際運用中，則更多地移向般若。足見道信轉變了原有的禪風，使般若思想更為重要。

《續高僧傳》云，道信傳法的雙峰山「自入山以來，三十餘載，諸州學道，無遠不至。刺史崔義玄，聞而就禮。」他將中國禪宗推向了一個新里程，從此日漸壯大。

東山法門：五祖弘忍

中國禪宗到了五祖弘忍時期，「法門大起，根機不擇」；廣開善門的結果，自然使得禪宗興盛。

作為四祖嫡傳弟子的弘忍，七歲就跟隨道信出家，十三歲剃度為僧，三十年不離道信左右，四祖常予以考驗，因此盡得道信禪法。

弘忍個性木訥沉默，勤於禪修，《歷代法寶記》說他：「其性木訥沉厚；同學輕戲，默然無對；常勤作務，以禮下人。」

唐高宗永徽三年（西元六五一年），道信傳法予弘忍；四祖圓寂後，弘忍遂繼任雙峰山之法席，帶領眾人繼續修行。隨著求法學道者越來越多，弘忍便在雙峰山東面的馮茂山再建道場，稱為東山寺，其所傳禪法遂稱為「東山法門」。

弘忍承繼了道信「一行三昧」、「守一不移」的修習禪法，提出了「齊速念佛名，令淨心」的方便法門。學者楊惠南便認為，道信乃至弘忍的禪法，雖有強調「不念佛、不捉心、不看心、不計心」的一面，實際修行上則是宣說「念心、捉心、看心、計心」的另一面。就此論之，前者應是先了解本有佛性，後者則是老實修行，經由「念佛」乃至於「計心」等方便修法，而真實體悟「心性本淨」。

弘忍轉變了菩提達摩「藉教悟宗」的禪法，《宗鏡錄》中說弘忍常提到：

欲知心要，心是十二部之根本……諸佛只是以心傳心，達者印可，更無別法。

弘忍後來轉以《金剛經》傳授心法，惠能深悟，爾後遂開禪門新學，令禪宗法脈開枝散葉。

第一章　求法的樵夫

大師曰：「佛性之理，非關文字能解，今不識文字何怪？」

眾人聞之，皆嗟歎曰：「見解如此，天機自悟，非人所及。」

什麼是「佛性」？在浩瀚的佛教典籍與傳法裡，眾生尋求答案的過程如同墜入迷霧而不得其解。

一千三百多前年的唐代，有位不識字的樵夫，卻讓我們看到人心的價值，讓眾生在自性中認識本有的佛性。

王維有言：「世界一花，祖宗六葉。」當佛教逐漸中國化、在燦爛的大唐裡成熟發展的大道上，他不立文字、直指人心，開展頓悟傳法，使禪宗有了蓬勃繁盛新局，更寫下中國佛教史新頁。

他，就是禪宗六祖——惠能。

以法惠施，能作佛事

六祖惠能俗姓盧，祖籍在河北范陽（今河北省涿州市。范陽在歷史上轄區多有變動，大約位於今北京市到河北省保定北部一帶），父親是盧行瑫。大約在唐高祖武德年間，盧行瑫在朝為官，後來獲罪被貶至嶺南新州（今廣東省新興縣），便娶了當地女子為妻，從此在新州龍山腳下定居。

唐貞觀十二年（西元六三八年）二月初八這天，惠能母親李氏即將臨盆。在半夢半醒的分娩時刻，李氏夢到百花盛開，有股溫潤的亮光普照著大地。當天夜裡，就在滿室的異香下，盧行瑫的兒子誕生了。

初為人父的盧行瑫藏不住喜悅，看著天庭飽滿的嬰孩，思索著要替這孩子起什麼名字好？想著想著，窗外的天空已破曉。

天才剛亮，盧行瑫看到兩位僧人路過盧家，覺得很有緣分，於是請兩位師父入屋歇息，奉茶款待，順便替自己的新生兒命名，僧人們便為嬰兒起名為「惠能」。

盧行瑫不解其意，特地請教：「敢問兩位法師，這個名字有什麼特殊含義呢？」僧人說：「『惠』者以法惠施眾生，『能』者能作佛事。」看著強褓中嬰孩祥和的面容，想著妻子臨盆前的異象，「也許這孩子日後會惠施萬民呢！」盧行瑫如是想。

「惠能」一名往往又被寫為「慧」能；在唐代，惠、慧二字可通用。根據法海〈六祖大師法寶壇經略序〉記載，其命名既為「惠者以法惠施眾生，能者能作佛事。」今日則當寫成「惠」字較為適當。

因為獲罪被貶，一家子在嶺南的生活著實不容易；但是，盧行瑫對於兒子寄予厚望，期待孩子早些長大，好教他讀書識字、學習道理。

只是，惠能三歲那年，盧行瑫就過世了，原先家徒四壁的困窘如今更是雪上加霜，孤兒寡母從此飽嘗冷暖。李氏後來帶著惠能由龍山搬到南海郡（約於今廣州市），生活艱辛異常。

由惠能的成長歷程來看，父親雖早逝，家境亦不是很好，但應仍受到母親的溫厚教導；因有溫潤的母愛滋養著貧困的童年，讓孩童時代的惠能即顯現了優異的本性，稟性的良善也別於常人。

〈六祖能禪師碑銘〉說他：「善習表於兒戲，利根發於童心。」一般小孩子玩耍打鬧時，常隨意攀折花草，或是逗弄小蟲、對樹上鳥兒拋擲石頭……惠能雖和氣地與大家打成一片，卻能機智地改變玩伴們的遊戲方式。慢慢地，友伴們受其影響，懂得尊重生命，平等以待。

李氏含辛茹苦，常為衣食煩惱；這對母子連餬口都十分艱難，更別說上學識字了。在清苦的環境中，惠能沒機會讀書學習，但他年紀很小就非常懂事，很能體恤母親的心情。他跟著鄰人學習伐木，在嶺南山中砍柴、劈柴、運送，以此來奉養母親。

求法因緣

隨著時間慢慢過去，盧惠能長成一位少年郎。他工作勤快、事母至孝，鄉人們無不讚許。日子雖然艱難，但平平凡凡未嘗不是一種福分。

沒想到，在惠能二十四歲那年，一切都不一樣了。

那是個如同往常的日子，惠能照例伐木下山，把木柴整理綑綁後替客人挑到店裡。清癯的少年在烈日下負重前行，依然毫不馬虎，準時送達。

「盧兄弟你來啦！東西擺角落就好，這是工錢，有勞了！」老闆點收木柴後付錢給惠能。接下柴錢的惠能正準備離開，卻聽到有人在誦讀佛經：「……應無所住，而生其心……」

說也奇怪，那幾句不經意聽到的經文，卻讓惠能充滿感應，彷彿有所領悟。

於是，惠能上前詢問：「請問先生您讀的是哪一部佛經啊？」這位名為安道誠的客人說：「這部經典是《金剛經》，我是從蘄州黃梅縣弘忍大師那邊請來的。弘忍大師常勸大家要誦持《金剛經》，便能照見自己的本性，直了成佛。」

聽到這樣的說法，惠能覺得既熟悉又親切；雖然未曾謀面，卻覺得自己和弘忍大師有著宿昔的因緣，很想到黃梅拜見弘忍。

《金剛經》

全名為《金剛般若波羅蜜經》，或譯為《佛說能斷金剛般若波羅蜜多經》，是玄奘所譯《大般若波羅蜜多經．第九會》的〈能斷金剛分〉，為大乘佛教的重要經典。漢譯本中，以後秦鳩摩羅什（西元三四四至四一三年）所譯最為流行，內容主要在闡明空性。中國禪宗自五祖弘忍以來特別重視此經，而惠能認為此經宗旨為：「應無所住，而生其心。」

五祖弘忍

弘忍禪師（西元六〇二至六七五年），漢傳佛教禪宗五祖，俗姓周，蘄州黃梅人。七歲從道信出家，十三歲剃度為僧。弘忍承繼道信一行三昧、守一不移的禪法，提倡齊速念佛名、徵心、「向心中看一字」的法門。後定居於馮茂山；此地位於道信所居的雙峰山之東，故其教法世稱「東山法門」。其弟子眾多，著名者有惠能、神秀、法如等。

即令如此，家中還有須奉養的母親。吾人可以想像，惠能心中會產生哪些掛慮：自從父親過世後，母親和自己相依為命多年；若是遠行千里，老母親要如何獨自生活呢？想到這點，自是難免流露擔心的神情。

安道誠看出惠能心情的轉變，便和藹地問：「年輕人呀，剛剛我提到黃梅弘忍大師的時候，你的表情看起來十分嚮往，怎麼後來又搖頭嘆氣呢？」

惠能說：「剛剛聽先生您讀《金剛經》，我即刻覺得有感應，很想親自拜訪弘忍大師。可是，我父親很早就過世了，家裡只剩我和母親；如果我也離鄉背井，娘親將會孤立無援，我怎麼能放下母親遠行呢！」

安道誠理解惠能的難處，表示樂意給予幫助。他當下就拿出十兩銀子贊助惠能，要他替母親先置辦些日用品，同時承諾日後會和街坊鄰居協力關照李氏，鼓勵惠能遠行學法。

回家後，惠能自應如實地將發生的事情告訴李氏。雖然文獻上並無記載，我們卻也能想見，自己的兒子從小便被法師命名為「惠能」；若只是陪著自己，又怎能「惠施眾生」呢？母親應該會對惠能這麼說吧：

「能兒啊，你父親過世後，原以為我們母子就是平凡度日了。但其實我沒有忘記，當年你還在我肚子裡的時候，發生了好多奇特的異象啊，早知道你不是個普通的孩子！你的名字之所以叫『惠能』，就是在你出生那天，有兩位出家師父替你取的，他們說你日後將『惠施眾生，能做佛事』啊！你一定能完成使命，別再猶豫了！」

獲得了母親的同意和支持，惠能用安道誠贊助的銀子買了些衣糧，自是應會拜訪鄉人，拜託及感謝鄉親們幫助關照母親。李氏當然會感到不捨，但對於孩子的遠行求法，也應無私地給予無限祝福。當物資都準備妥當後，惠能向李氏磕了三個響頭：「娘啊！我走了，請您珍重！」

就這樣，惠能拜別了母親，展開跋山涉水、千里迢迢的旅程。

諸佛妙理，非關文字

根據宗寶本《壇經》記載，不到三十天的時間，惠能便抵達弘忍大師所在的黃梅。然而，在惠能親近弘忍大師之前，也有過幾次經典的討論和領悟。

依《曹溪大師別傳》，其中一次是路過曹溪無盡藏尼討論《涅槃經》。惠能在韶州曹溪村（今廣東省曲江縣）結識了村人劉志略；劉志略是一位飽讀詩書的儒士，和惠能一見如故，他非常照顧惠能，兩人還結拜成為異姓兄弟。他們白天一同耕作，夜晚一起去聽無盡藏尼讀誦《涅槃經》。

無盡藏尼是劉志略出家的姑母，居住在山澗寺。惠能雖然不識字，卻善於領會經中的要義，許多見解都讓無盡藏尼敬佩，卻也讓無盡藏尼覺得怪異：「為何一字不識的惠能，能領悟經典的思想呢？」

面對這樣的疑惑，惠能表示：「諸佛理論，若取文字，非佛意也。」他認為，佛法妙理如果只注重文字的表象，就不能理解到深刻之處；應該不只執著於文字，而是要實踐、修行，才能體會出超越文字的深意。

《涅槃經》

此處指《大般涅槃經》（Mahāparinirvāṇa Sūtra），為大乘佛教重要經典之一。記錄佛祖釋迦牟尼入涅槃之說法，內容闡述「常樂我淨」、「法身常住」及「眾生皆有佛性」等佛教重要思想。漢譯本分南北兩種，北涼曇無讖譯四十卷是為北本，南朝時慧觀、慧嚴與謝靈運等人修訂潤色，並對照法顯譯本，分三十六卷，是為南本。

很快地，這件事傳遍了曹溪村。無盡藏尼告訴村中德高望重的耆老們：「惠能對於佛法有很高的領悟，我們應該把他留在曹溪村，大家一起供養禮敬他。」村民紛紛前來敬拜惠能，力勸他出家並住在附近的寶林古寺舊地，希望日後能聽他說法開示。

據《曹溪大師別傳》所言，惠能「大師即住此寺。修道經三年。」不過，《宋·高僧傳·卷八·惠能傳》則記載：「自謂己曰：『本誓求師而貪住寺，取乎道也何異卻行歸舍乎？』」若依惠能求法的初衷與決心，他應該不會接受村民們的勸留。

於是，他第二天便告別曹溪村民，動身出發。

頓覺空坐

路途中，惠能聽人家說在西山石窟有位智遠師父道行極高，便到了樂昌縣（今廣東省樂昌市），隨侍在智遠禪師身旁學習坐禪。

因緣際會下，某天他聽到惠紀禪師誦讀《投陀經》，讓惠能發覺自己所學只是空坐。對惠能而言，《投陀經》講述的內容是最基本、接近於苦行的鍛鍊，他早已超越這樣的層次，應往更高處學習。

惠紀禪師告訴他：「久承蘄州黃梅山忍禪師開禪門，可往彼修學。」同時，智遠禪師也「勸往蘄春五祖所印證去」。

關於惠能前往黃梅參禮弘忍的年代，在《壇經》、《高僧傳》以及《曹溪大師別傳》說法上各有不同；但可推測，惠能在親近弘忍大師前，已有學佛的經歷。而且，從記載中可以看出惠能識字不多的線索，這與禪宗「不立文字、教外別傳」的精神吻合。

《投陀經》

全名為《佛說十二頭陀經》，又名《沙門頭陀經》，南朝宋求那跋陀羅（西元三九四至四六八年）譯。《佛說十二頭陀經》是佛陀對摩訶迦葉長老講說修行十二種「頭陀法」，依序是「在阿蘭若處」、「常行乞食」、「次第乞食」、「受一食法」、「節量食」、「中後不得飲漿」、「著弊納衣」、「但三衣」、「塚間住」、「樹下止」、「露地坐」與「但坐不臥」。藉由行頭陀法認知到身體的臭穢不淨，身體的變化與聚散是空的，而非固定不變，或永遠美好的，於是對身體產生出離心，而想要修行以解脫。

第二章　受付衣鉢

惠能言下大悟，一切萬法不離自性。遂啟祖言：何期自性本自清淨！何期自性本不生滅！何期自性本自具足！何期自性本無動搖！何期自性能生萬法！

孤身一人扶著手杖赤足步行，惠能走過猛虎為患的洪州（今江西省南昌市），毫無畏懼地往東繼續前行。在歷經艱苦的長程路途後，終於抵達蘄州黃梅東山寺。

佛性無南北：初見弘忍

這座道場建於唐高宗永徽五年（西元六五四年），是唐朝初年的佛教中心。

弘忍大師極富盛名，座下人才濟濟，常住於此的門徒將近千人。

關於惠能是幾歲在黃梅得法，也流傳著各種不同版本的說法。如《歷代法寶記》說：「（惠能）年二十二，來至憑茂山禮忍大師。」〈六祖大師法寶壇經略序〉則說：「（惠能）年二十有四，聞經悟道，往黃梅求印可。」印順大師的《中國禪宗史》曾對此進行詳細討論，將惠能禮弘忍的時間定為龍朔元年（西元六六一年），也就是二十四歲，本書採印順導師的說法。

這段不辭千里遠行求師的緣分，在兩人初次見面便展開一場精彩生動的辯論。

一見到惠能，弘忍大師便問他：「你是什麼地方的人？到我這裡來想要求些什麼呢？」

惠能說：「我來自嶺南新州，大老遠來到這裡，其他的都不求，弟子只求能成就佛道。」

聽到這樣自信滿滿的回答，弘忍大師又問他：「你是嶺南人，又是獦獠，怎麼可以作佛呢？」

在當時的中原地區，稱南方的少數民族為「獦獠」，意思為尚未開化的蠻夷，是帶有輕視的稱呼。

惠能的應答不僅脫離獦獠的貶義，更帶出了佛性的要義，他說：「人雖有南北，佛性本無南北。獦獠之身雖然與和尚之身不同，但在佛性有什麼差別呢？」

惠能認為，人有南北方的差別，但佛性沒有這樣的區別；因為，一切眾生都有佛性，也就是都有成佛的可能，大家都是相同的。像他這樣的「蠻夷」和大師在形體上及成長的環境雖然不同，佛性上哪裡有什麼差別呢？也就是說，即便是未開化的蠻夷，與修行的出家大師之間雖然有能力、外表、習性、資質等各種差異，但是都具有佛性，這是惠能所肯定的。

弘忍大師從惠能敏捷的應答中看出他的悟性，惠能所說正合於《大般涅槃經》中「一切眾生悉有佛性」的道理，便想繼續和他深談。

然而，跟在自己身邊的左右弟子眾多，且眾人對這位遠道而來的「獦獠」有些陌生和輕視；考慮到人多說話不方便，便要惠能跟著大家一起做事。

順著方才的對答，惠能接著請教大師：「我常感受到心中湧生佛法的智慧，體悟到自己本身就有佛性，我想這就是福田了！請問師父要我做些什麼勞務呢？」

聽到這番話，弘忍心中又是一驚：「你這獦獠根性非常敏銳！別再多說了，去後院打雜吧！」

碓坊生活

惠能到後院負責砍柴、種菜，更自願去踏碓舂米。由於他的體重比較輕、身形瘦弱，導致踏石的力氣不足，便在腰際綁一塊大石頭來增加力量。

相傳，這塊石頭目前仍存放在湖北黃梅五祖寺中，宋朝詩人王之道〈黃梅東禪寺〉詩句云：「邇來五百載，兵火數變遷；惟餘墜腰石，繩竅徒空穿。」便是出自此典故。

在日日忙碌的勞務裡，惠能把勞作和修持結合；即使大腿、小腿甚至腰骨都受了傷，卻不忘觀照內在。

某天，弘忍大師路過碓米所看到惠能工作的情形，便問他：「惠能呀，你為了舂米來供養眾人，把自己的腰部和雙腳都勞損了，覺得痛嗎？」惠能說：「不見有身，誰言之痛？」

「有身」的「有」就是存在的意思；「有身」指的是存在著一個凡夫的肉身，這樣的肉身是會感覺到疼痛的。但是，惠能不集中注意力在這個肉身上，哪裡會有什麼痛苦呢？因為，惠能已經了悟到這個身體只是眾多器官、元素等單元的結合，疼痛只是身體變化的感受而已；當惠能把這些疼痛解開成身體的構成單元，發現這些疼痛之無常，甚至稍縱即逝，當然就不會感覺到疼痛了。

惠能就這樣度過八個多月的碓坊生活。在黃梅東山道場裡，惠能也和眾人一起聆聽說法。每當大師登座，學習的人非常多，有下乘、中乘和上乘根器的人共同聽講。惠能總是默默地受教學習，不曾當眾言語，向師父問詢，而是回去後自我省思，如法修習。

又有一天，弘忍忽然來看惠能並對他說：「我一直認為你的見解是契合佛意的，但也擔心有人會因為嫉妒而對你不利，所以不和你多談，你可以理解我的用心嗎？」

惠能當然明白師父的心，所以平常也不敢到前堂找師父，為的就是不要讓別人感覺到自己的存在。弘忍和惠能之間，並沒有手把手教導的親近關係；但師徒心心相印的默契，展現在日後弘忍選定傳衣付法的寄託上。

詩偈顯悟境

惠能來到黃梅那年，弘忍大師已經七十多歲了；隨著年事漸高，如何讓法脈流傳延續，是重要的大事。

有一天，大師將弟子集合起來，向眾人宣布：「能解脫生死苦海是一件大事；你們整天只求福田，卻不求超脫輪迴的苦海，迷失了自身本有的佛性，這樣福報又怎麼能將你們從苦海中救出來呢？請你們體會佛性的智慧，大家各自寫一首心偈，來表達你們對佛性的領悟。」藉此在弟子之間尋找能繼承衣缽的傳人。

弘忍特別強調：「大家要即心領悟，超離世俗的思量，不用勞心費神去思考，當下就要看到佛性。火急速去作偈，不要延遲！」大家聽到師父吩咐，便議論紛紛起來。

在弘忍的道場裡，當時以神秀最為出色；而且，他在寺院裡擔任傳授言行舉止規範的「教授師」，一向受弘忍大師看重。眾人都認為神秀必定會是衣缽的傳人，其他人就不必費心寫偈了，只要依從神秀就好。

神秀禪師

神秀（西元六〇六至七〇六年），俗姓李，汴州尉氏人。遍覽經史，學識廣博。少時出家，二十歲於天宮寺受具足戒，五十歲至黃梅參謁弘忍，居弘忍門中第一位，稱「神秀上座」。弘忍圓寂後，神秀於當陽山玉泉寺傳法，盛名遠播。後武則天詔請入京師，朝野景仰。

其主張漸悟，所傳教法盛行於華北，故稱為「北宗」。與主張頓悟的師弟惠能（即「南宗」，主要於華南傳法）分庭抗禮，世稱「南頓北漸」。其著名弟子包括普寂、義福等。

神秀看到大家都不寫詩偈，心想：「眾人之所以不呈送偈文，一定是因為我是他們的教授師，他們都對我有期待，我也應當要讓師父知道自己的見解才是。」

可是，詩偈完成後，神秀每次經過師父堂前卻都不敢向前；這樣的情況來來回回四天，走到堂前共十三次，依然沒有把詩偈送出。

思來想去，神秀決定選在半夜沒有人注意的時候，悄悄地把詩偈寫在弘忍居室外面的長廊牆壁上，讓師父自然而然地看見；假若師父說好，再出來承認是自己寫的。

神秀透過詩偈道出他對佛性的看法：

身是菩提樹，心如明鏡臺；
時時勤拂拭，勿使惹塵埃。

神秀把人的本身比喻為「智慧樹」（菩提，梵文 bodhi，意為「覺悟」），人心則如同一面清澈可照物的鏡子；吾人應時時刻刻勤勞掃除，不要讓智慧的身心染上塵埃。

這首詩偈表示：一個人如果要修行成道，必須要每天勤勞用功，反省自心，不可有一日懈怠，也不可讓心上有一絲一毫的雜質、壞念頭。這便形成了神秀「漸修成佛」的看法。

隔天，眾人看到牆上的字便嚷嚷起來，弘忍大師聽到大家討論也聞聲而來。

弘忍的屋外有三間長廊，原本預備請畫師盧珍將達摩祖師到五祖弘忍的血脈圖（禪宗初祖至五祖傳承依序為：初祖達摩、二祖慧可、三祖僧璨、四祖道信、五祖弘忍），以及《楞伽經》的故事畫繪在南廊壁上，讓後人禮敬。

現在，牆上已經有了神秀的詩，弘忍便對遠道而來的畫師盧珍說：「既然牆上有了文字，就不勞煩畫師繪圖了。《金剛經》說：『凡有所相，皆是虛妄』，且留下這首偈，讓大家朗誦修習；依此文字修行，便可避免墮入三惡道，是相當有助益的。」接著，他命人焚香禮敬。

《楞伽經》

《楞伽經》（Lankāvatāra-sūtra）主要內容為佛開示的「五法」、「三自性」、「八識」和「二種無我」。漢譯本今存有三：南朝宋求那跋陀羅譯的《楞伽阿跋多羅寶經》共四卷，又名《四卷楞伽》；北魏菩提流支（生卒年不詳）譯的《入楞伽經》，共十卷，又名《十卷楞伽》；唐朝實叉難陀（西元六五二至七一〇年）譯的《大乘入楞伽經》，共七卷，又名《七卷楞伽》。

菩提達摩以四卷《楞伽經》傳付慧可，二祖慧可亦以本經傳授門下，至五祖弘忍皆弘傳此經。四祖道信以《文殊說般若經》結合《楞伽經》授徒，至五祖弘忍以《金剛經》作為傳法核心，但未捨棄《楞伽》。

聽到師父這樣說，眾人歡喜稱好，都說讀了神秀的詩偈就可以見到自性。

當天夜裡，弘忍把神秀召喚到堂內，問他說：「那首偈是你做的嗎？」神秀說：「是弟子做的，但我並非是妄想得到祖位；只想請師父幫我看看，弟子是否有些許對於佛性的正見呢？」

弘忍告訴他：「你的偈還沒有見到本有的佛性，只是在門外，還未進入門內；依照你的見解去尋求無上菩提解脫，那是不可能的。佛法的無上智慧，是當下就要認識自己的本心本性。佛性是不生不滅，在每個剎那、念念之間都能體會佛性。佛性是萬事萬物都能通達、沒有障礙的。佛性真則一切真，一切境界皆為佛性的展現。能體會到真如、佛性不生不滅，便是真實。有這樣的認識，那就是佛門無上菩提的自性了。你再去思考一兩天，重新做一首詩偈拿來給我看；如果你的新作能入門，就傳授法脈衣缽給你。」

聽到弘忍這樣說，神秀向師父行禮後，便走出前堂。左思右想，過了好幾天，詩偈還是寫不出來；神秀思慮難以平靜，彷彿在夢中一樣，行坐之間都感到不快。

然而，眾人都認為神秀必定是弘忍大師的衣缽傳人，他的詩偈在道場傳遍了。

有個小和尚路過惠能工作的碓坊時，邊走邊唱誦神秀的詩偈；惠能一聽，就知道這首詩還沒體悟到佛性的真諦。

惠能問小和尚說：「你唱誦的是什麼呢？」小和尚回答：「也難怪你這獦獠不知道，弘忍大師想要傳衣付法，要大家各獻詩偈，看誰的詩偈能透顯佛法的要義，就把衣缽傳給那個人。神秀上座在南廊牆壁上寫了一首詩偈，弘忍大師要我們每個人誦讀，說照神秀上座寫的內容來修行，便可不墮下三道。」

惠能請小和尚帶他到那首詩偈前敬禮叩拜；並拜託小和尚，由於自己不識字，請他把神秀的詩重新朗誦一遍。

當時在場有位江州別駕（官名，相當於地方副首長），名為張日用，正在大聲朗讀神秀題在南廊壁上的內容。惠能聽完，說自己也有一首詩偈，想勞駕張別駕代自己書寫。

張日用說：「你不識字也能寫詩偈？這還真希奇啊！」

惠能正色地告訴張日用：「如果要學習無上智慧的佛法，千萬不可以輕視初學者。地位最低下者往往有最上的智慧，地位高尚的人有時會迷失智慧；如果任意輕賤別人，可能會犯下不可計量的罪過。」

聽到惠能這樣說，張日用半信半疑，只得說：「好！你把想寫的詩偈詩念出來，我替你寫。若你真的得了衣缽，別忘了首先要度我呵！」接著，便幫惠能把詩偈寫下來：

菩提本無樹，明鏡亦非臺；
佛姓（性）常青（清）淨，何處惹塵埃！

或另作：

心是菩提樹，身為明鏡臺；

明鏡本清淨，何處惹塵埃！

惠能的這兩首偈表達出「頓悟成佛」的見解。他點出人的身心都是虛幻不實，佛性卻是本來清淨、不染塵埃的，這便映襯出神秀先前所作詩文落於色相、未見佛性。現行最廣為人所知的偈文則為宗寶本《壇經》所載：

菩提本無樹，明鏡亦非臺；
本來無一物，何處惹塵埃！

這句詩偈說的是此心本身不會如同樹一般有固定的形象，當然也不會像是明鏡的樣子；不論用菩提或明鏡譬喻此心或佛性，都未直指此心或佛性。佛性本來就是空無一物（也就是「空性」的展現），是清淨而沒有雜質、汙染的；如果從人人都本有的佛性來看，哪裡有塵埃的汙染呢？

惠能和神秀分別點出了對於佛性的不同領悟；而惠能的境界正呼應了《金剛經》「凡有所相，皆是虛妄」的看法，這也和弘忍先前提點眾人的要旨契合。

當張日用幫惠能把詩寫完後，在場圍觀的僧眾都覺得驚奇，議論紛紛：「真奇怪啊！果真不能以貌取人，惠能到道場才沒多久，怎麼竟成了活菩薩？」弘忍大師聞聲而來，對惠能洞徹的悟解已經了然於心。又看到大家驚訝的樣子，便擔心有人會因此嫉妒並加害惠能。弘忍故意脫下鞋子，用鞋底把牆上的字跡擦掉，同時告訴大家：「這首詩偈也還沒見到佛性。」師父都這樣說了，眾人便認為真是如此，就各自走開了。

傳衣付法

隔天，弘忍悄悄地到了碓坊。看到惠能和之前一樣腰間繫著大石頭正在擣米去殼，便問：「米已經成熟了嗎？」惠能回答：「米已經成熟許久了，就等著篩子篩去米糠。」

弘忍和惠能的這番對話蘊含著禪機。以「舂米」的過程為喻，弘忍叩問惠能對佛法或自性的領悟是否已經成熟；惠能也即刻明瞭師父之意，回答表示自己已經成熟了，還缺篩子（也就是師父）來確認認自己的體悟正確與否；或是再篩去其有所不足的部分，令其體悟更進一步。

弘忍沒有再說話，拿起手杖對著石碓連敲三下，便離開了碓坊。惠能當場就領悟師父的意思：三下代表三更之時。於是，當天的三更時分，惠能來到師父的禪房。

為了不被其他人發現，弘忍特意用袈裟遮住了燭光，在昏暗中為惠能講解《金剛經》的要義。當弘忍解說：「應無所住而生其心」時，惠能豁然大悟！尚未離家前，惠能便是因送柴時初次聽到這個句子而踏上求道之路；現下聽到師父講解，他徹底醒悟：原來一切萬法不離自性！他法喜充滿地對弘忍說：

何期自性本自清淨！何期自性本不生滅！何期自性本自具足！何期自性本無

動搖！何期自性能生萬法！

「何期」意為「沒想到」；一連串的「何期」，表現出讚歎之意；在連串的讚歎中，惠能的悟境又更深了一層。

因為，惠能原本認為自性（佛性）本是清淨的；殊不知，用清淨去形容自性，只是必須使用語言文字時的最貼切解釋。然而，自性本是超越一切言詮，只能用否定的語彙表示其本來是空的，而沒有汙染的意思。

惠能更進一步地領悟：「沒想到自性本來就是清淨的！沒想到自性本來就是不生不滅的！沒想到自性本來就是圓滿具足、無所增減！沒有想到自性本來就是常住而無所動搖！沒有想到自性本身展現世間諸法！」

自性之所以本自清淨、本不生滅、能生萬法，便在於其「無所住」！所以，回到最根本的道理，只有把握住「應無所住而生其心」，才是最關鍵的核心；其他的文字解釋，都是為了讓更多人理解的方便施設而已。

聽了惠能的讚歎，弘忍知道他已經了悟本性，便告訴他：「不識本心，學法無益。若是識得了自己的本心，也就認識了自身本有的佛性，便是佛門說的丈夫（勇於修行佛法正道，不退轉的修行者）、也就是天人師（佛的稱號之一，天和人均以佛為師）、就是佛。」

弘忍便將頓悟成佛的法門以及衣缽都傳給惠能，正式命他為禪宗第六代祖，並囑咐惠能：「你成為禪宗第六代祖師後，要好好的護念這個法門，讓外緣的惡無法侵犯，內心是常生的智慧。廣度一切眾生超越生死輪迴的煩惱，把禪宗這個法門流傳下去，不要讓它斷絕了。你且聽聽我的這首詩偈：

有情來下種，因地果還生；
無情既無種，無性亦無生。

這首偈說的是：有情眾生本有佛性，就如同種子一般，早就深植於眾生的本性中，這也相當於成佛的因緣；因緣種下了，總有一天，時機成熟，就會開花成熟，佛果圓成。至於一些無情的草木瓦石，是沒有佛性的自然物質，當然無法生出佛果。雖是如此，不能只把無情之物視為單純的物質看待，而是要洞徹無情的無性，顯示出無自性的意義；弘忍進而告訴惠能，其實眾生的佛性本來如此，無所謂生長與否，我們只是要透過修行，把「本來如是」的佛性顯現出來而已。

弘忍這首偈語，傳達了「度生離相」之意，亦即：救度包括自己在內的眾生，必須超越所有形象、樣貌，世間的有情與無情都可以做為修行成佛的資糧。

弘忍又接著說：「當初達摩祖師初到中國，為了讓人們確信所傳的禪法是從釋迦牟尼佛而來，曾出示佛祖所賜的袈裟，並以此為信物代代相承。然而，佛法是以心傳心的，讓繼承者自悟自解。自古以來諸佛傳承，都只傳法身本體，亦即透過面對面身語意的引導，以心印心，將佛法的深奧道理傳承給弟子；因此，祖師繼立的時候都是密付本心。袈裟是個爭端，歷代為了這法衣常引發糾紛。所以，惠能啊，這袈裟傳到你就停止，以後不要再傳了！如果再接續傳下去，你的性命便會如同懸吊的細絲一般，將有極大的危險！你必須趕快離開這個地方，不然恐怕有人會加害於你。」

師父要自己離開，但該何去何從呢？惠能問：「請問師父，我該往何處去？」

弘忍答：「你往南方走吧！遇到『懷』這個地名就停止，遇到『會』這個地名就藏躲起來。」

惠能是在三更領受衣法；在這漆黑的夜半時分，自己是從南海來的，對山路非常不熟，該如何走出山邊到達江口呢？弘忍告訴他不必擔心：「我會親自送你。」

當晚，弘忍一路相隨，走過蜿蜒的山脈，從東山寺出發直到對岸的九江潯陽渡口。江邊有艘小船，弘忍叫惠能上船，親自划槳準備讓船隻過江。

惠能告訴師父：「您請坐著，讓我來搖櫓吧！」弘忍說：「我是你的師父，本來就該是我度你到達彼岸。」惠能說：「迷時師度，如此我已開悟，可以自度了。」

這裡的「度」有兩層意思：一是表面上的渡江，更深的含義是度過生死苦海、到達彼岸的佛國淨土。惠能既然已經開悟，便該自度到彼岸。

弘忍聽了十分高興：「是啊！是啊！日後佛法的弘揚就要靠你了。你走後的三年，我便會離開人世。興盛佛法之路困難重重，不是一件簡單的事；你儘管努力朝南方前去，但不要急著出來宣講佛法，要等待時機成熟。」

惠能謹記師訓，辭別了五祖弘忍後，繼續南行。

第三章　遁隱潛藏

惠能云：「不思善，不思惡，正與麼時，哪個是明上座本來面目？」惠明言下大悟。

弘忍送走惠能後回到東山寺，便不再登堂說法。門人都感到奇怪，於是跑來請問大師：「您為什麼不再對眾人開示了呢？」

弘忍淡然地說：「你們都散去吧！佛法已經南下，我現在不用明說，以後你們自然會曉得的。」

渡江南行

眾人發現，原本在碓坊打雜的獦獠不知去向了，師父也明顯別於往常，任憑大家打探卻問不出個消息來；「師父該不會把衣缽傳給那來路不明的獦獠了吧？」五祖的弟子們忿忿不平。

辭別師父後的惠能，風塵僕僕地一路南行，花了兩個多月的時間才抵達塞上關口大庾嶺。好不容易想坐下來歇息片刻，沒想到居然有數百個人跟著追來！那些人懷著「欲取惠能頭，奪於法」的念頭，緊追不捨。

最早追上惠能的是一個叫做惠明的僧人；他俗姓陳，個性粗率，遇到事情總是急躁魯莽。他是先朝（南朝陳）宣帝的後代，受封為四品將軍；雖已是六、七十歲的年紀，但身強體壯、腳程飛快，帶著十幾個人急切追趕。

看到惠明來勢洶洶，惠能便將置放袈裟的隨身包袱扔到一塊大石頭上，朝著惠明說：「這袈裟是代表傳承佛法的信物，你怎麼能用武力來搶奪呢？」說完便躲藏在草叢裡。

道明禪師（惠明）

道明禪師之法名初為惠明（西元五八六至六九二年），俗姓陳；為避諱上師惠能名，故改為道明。鄱陽（今江西鄱陽縣）人，陳宣帝裔孫；南朝陳亡國後編入冊籍而為平民。

於永昌寺出家，曾親炙弘忍大師說法。後承惠能法師開示，但仍未領悟；獨往廬山峯頂寺，三年後方開悟密語。後至袁州（今江西）蒙山創立蒙山道場，傳惠能之法。

惠明趕到後，看到大石頭上的袈裟，想把它拿起來。說也奇怪，任憑他用盡氣力，袈裟彷彿是生根一樣，牢牢固定在原地，全然無法移動。

這奇特的情況讓惠明感到震驚，領略到其中的不尋常，便呼喊道：「行者（行者指尚未剃除鬚髮，但過著出家生活的佛教徒。此時的惠能尚未剃度，故惠明以行者稱之）！行者！我是為了佛法來的，不是為了這件袈裟，請您出來吧！」

聽到來者是為法而來，惠能便走出草叢，盤腿坐在石頭上。惠明往前向行禮：「希望行者您能為我開示說法。」

惠能回答說：「你既然是為了佛法而來，便要屏除一切諸緣，心中不要有雜念，方能聽我說法。」

從佛法來看，出家之後就應該跟過去的情緣斷除，求法時內心也應純粹，不應懷著情緒、欲望。惠明追上惠能時，急切焦躁的心情一時難以平復；惠能應是藉此給予惠明考驗，讓他重拾自己前來求法的純粹意志，也讓惠明自述來意。

除此之外，也可能是惠能已經知道惠明原先的心意是不純粹的，所以要惠明屏除了不純粹的求法之心，才願為他說法。

待惠明靜坐了一段時間，惠能才對他說法：「不要思考自己是善的，也不思考自己是惡的，就在這超越善惡二分之際，惠明上座的本來面目是什麼呢？」這段話的原文如下：

不思善，不思惡，正與麼時，

哪個是明上座本來面目？

這裡說的「不思善，不思惡」，乃是要惠明將自己的念頭慢慢放下，不用第六意識去分析、想像善惡的意義。在佛法中，思考主要是由「意識」所帶動與呈現；對於惠明前來求法的行為，雖然惠能已經讓惠明平復心情；但是，在一般的情況下，惠明還是會用思維與想像的方式告訴自己，乃是好意前來，以為自並沒有雜念與惡念。

惠能在此要提醒惠明的是，如果惠明求法的心意本來就是純粹而沒有雜念的，哪裡會有善惡的分別呢？本來的面目沒有任何善惡的分別，才是真正純淨無擾的狀態。惠能可說是將更深刻的道理教授給惠明，又將佛法更為幽深的部分，透過扼要的言語教導，讓人可藉此修習與體會。

意識

在佛法中，「識」意指分別的認知、思考與判斷。依小乘教法，將眾生的「識」分成六種：眼、耳、鼻、舌與身等前五識，分別表示眼、耳、鼻、舌與身（皮膚）等五種感官對於色（顏色）、聲、香、味與觸等五種外境所產生的分別；第六為「意識」，則是綜合了前五識的思考，運用概念、語言、符號對於我們所接收到的資訊，進行交互作用的結合判斷。

到了大乘教法，則加入了第七「末那識」與第八「阿賴耶識」。「阿賴耶識」指的是眾生所有資訊的庫藏，相當於知識、經驗的總記憶體；而「末那識」則指執取，說的是人對於庫藏中的資訊產生執著、以為實有的表現。

聽到這番話，惠明當下便豁然大悟，他緊接著問惠能：「除了剛才所開示的話語，您是否還有更深的密意傳授給我呢？」惠能回答：「可以直接和你說的，就已經不是什麼祕密的道理了。重要的是，你若能用智慧來觀照自心自性，那些精深的密意就在你的身邊。」

惠明說：「雖然我過去一直在黃梅跟著弘忍大師聽法，但其實從來沒有體悟到自己本來的面目。今日接受您的教誨，如同飲水時冷熱了然於心一般，真切地體會了佛理。從今天開始，行者您就是我的師父了。」

惠能回答：「你能有這樣的體會，相當可貴。我和你皆共尊弘忍和尚為師，一同護持佛法吧！」

道明拜惠能為師後，惠能的回答，不僅表示認同與謙遜，也包含了對於佛教規範的遵守。因為，依照佛教戒律，出家人不能拜在家人為師，在家人也不能為出家人說法的；所以，惠能請道明一起尊弘忍為師，乃是對於佛法的恭敬之意，也顯示惠能嫻熟佛教戒律。

惠明又向惠能請教：「從今往後，我應該往何處去呢？」

惠能說：「你遇到地名中有『袁』這個字，便停下來；碰到地名中有『蒙』這個字，便在那邊住下吧！」

惠明就此成為第一位向惠能學法的弟子。他後來到了袁州蒙山（今江西省新余市）傳法，創立聖濟寺，成為有影響力的一方化主。

稟受惠能所傳的心法後，惠明請惠能盡快南下，因為他擔心後面還有許多人追來。他恭敬地向惠能行禮拜別，便遇上了幾批尋逐前來的人。惠明於是對追趕者說：「我比你們早到好一陣子了，都沒有看到惠能的人影。我向好幾個從南邊來的行路人探問，他們都說遇到我之前，都還沒看見有人走過。可見這惠能的腳程沒有那麼快，不如咱們往北掉頭再找找看吧！」

眾人聽他這樣說，加上惠明一向心直口快，大家便都相信了。追趕的隊伍紛紛回頭尋覓，惠明的機智暫時幫助了惠能脫險南行。

避難獵人隊

和惠明分開後，惠能越過大庾嶺，抵達嶺南之地，擺脫了那些追逐的人群。

走著走著，又回到當年曾經到訪過的曹溪村。村民們沒有忘記這位對佛法悟性極高的行者，大家都認為他是求道後歸來，於是熱烈歡迎，惠能便在曹溪村住下。

然而，平靜的日子過沒多久，惡人們又追到曹溪村，想逼他交出衣鉢，惠能便又逃到了四會和懷集的縣界交匯處避難。

四會縣是個野獸群集的地方，這裡的人多靠打獵維生。他一直記得弘忍大師的叮嚀：「遇『懷』則止，遇『會』則藏。」現下到了人煙罕至的四會，想來這便是遠離繁華、遁隱躲藏的妥當之地。於是，他便入境隨俗地與獵人們一起生活和百姓同居一處，以眾生為淨土，世間的種種事情都是度人的法門，正如王維在〈六祖能禪師碑銘〉說的：「眾生為淨土，雜居止於編人；世事是度門，混農商於勞侶。」在隱蔽行藏的日子裡，惠能繼續潛心修行。

獵人們的生活單調又重複，每天早出晚歸，伺機捕捉動物就是賴以為生的方式。混居其中的惠能，被交派去看顧搜捕獵物的羅網；不過，他卻常常趁隙把困到陷阱裡的動物們悄悄放生。雖然身在困境中，他從不忘記慈悲心。

每當獵人們在烹煮肉類準備飯食時，惠能會在鍋子旁邊煮些素菜，看到的人都覺得奇怪，惠能怎麼都只吃些野菜呢？

面對詢問，惠能淡淡地說：「我不愛肉食，只喜歡吃些肉邊菜。」

肉邊菜也稱鍋邊素或肉邊素。小乘佛教有所謂的「三淨肉」，指眼不見其殺者、不聞其殺者、以及不疑其為我而殺者，不在禁食之列；肉邊菜則為佛教素食者與葷食者用餐時的權宜之計。此時的惠能尚未剃度，故未違反戒律。

只要有機會，惠能會在獵人們打獵歸來或休息的時候對他們講述佛法，希望大家撈捕打獵時，不可毫無節制地一味榨取。透過宣說佛理，一點一滴影響、感化他人，讓蠻橫凶悍的南方民風，漸漸趨於平和。

惠能遁隱與獵人為伍的時間究竟為期多長？有三年、五年、十五年、十六年等不同的說法。總之，在獵人隊避難了好些年後，惠能終於結束隱居，準備出來弘揚佛法。

第四章　法性寺剃度

佛言，善根有二，一者常，二者無常；佛性非常、非無常，是故不斷，名為不二。一者善，二者不善；佛性非善、非不善，是名不二。

惠能離開四會獵人隊之後，來到廣州法性寺。這天，法性寺的印宗法師正在講授《涅槃經》，惠能走到殿內一同聽講。印宗法師要大家多多商量討論佛法的義理。

幡動？風動？

那天是唐高宗乾封二年（西元六六七年）正月初八，寺院掛上了旗幟，眾人在晚上討論幡義，印宗法師在隔壁走廊聽著大家的討論內容。這時，有一陣風吹來，寺院的幡帶迎著風飄動了起來。

一位和尚看到了，便說：「幡是沒有情識作用的物品，是因為風吹才會動的。」

另一位和尚說：「不對不對！我們眼睛所看到的，明明就是幡在動啊！」一時之間，你說風吹、我言幡動，各有各的道理，眾人紛亂吵鬧，爭論不下。

惠能聽到了，高聲地對他們說：「不是風在動，也不是幡在動，是法師們的心在動。」

印宗法師

印宗法師（西元六二七至七一三年），唐代僧人，祖籍吳郡（今

江蘇省吳縣），相傳他「生即茹素」，出家後精通《涅槃經》。唐高宗敕居大愛敬寺，印宗辭謝不受，四處遊方；後至廣州法性寺，於此遇惠能，方悟玄理，故拜惠能為師。

印宗法師先後度眾數千百人，曾採集南朝梁至唐代之間各方賢達之言，編著《心要集》，今已亡佚。

法性寺

為廣東名寺。根據《光孝寺志》記載，此處原為南越王趙建德故宅，三國時代吳國虞翻謫居此地，被稱為「虞苑」；虞翻過世後，家人將此苑作寺，曰「制止」（又名制旨寺）。

東晉時期，罽賓國（今印度喀什米爾北部一帶）僧曇摩耶舍到廣州，於此處建立佛殿並奉敕譯經傳教，改寺名為「王苑朝延寺」，又稱「王園寺」。菩提達摩曾經駐錫於此，西印度的真諦三藏亦曾居此寺譯經。

唐太宗貞觀十九年（西元六四五年），改名為「乾明法性寺」。到了五代南漢稱「乾亨寺」、北宋稱「萬壽禪寺」、南宋高宗稱「報恩廣孝寺」；後來又將「廣」改為「光」，即光孝寺。

今寺院中有著名的風幡閣、六祖堂等。歷代居於本寺的僧人，對於修建多有貢獻；如宋真宗大中祥符年間，有施主郭重華捐建，豎立匾額「祖堂」。

這一則故事之所以膾炙人口，除了諸位法師對立觀點的彼此爭論外，最有意思的莫過於惠能最後的回應。《壇經》原文為：

不是風動，不是幡動，仁者心動。

最後一句的「仁者」，先是對於諸位法師的肯定。「仁」字從人、從二，表示複數的人，也就是各位法師。「仁」在中國思想中則是對於一個人的高度肯定；不只是被儒家視為理想人格的表現，在一般的語言中，也常用來形容一個品行良好的人。所以，惠能尊稱諸位法師為「仁者」，表示眾人都在為這樣一個饒富深意的話題，思索其中的道理，試圖增進智慧。然而，惠能認為，大家畢竟還是沒理解到最精深的涵意，或者只是一偏之見。

惠能要與大家分享的，具有兩層深意。首先，不論是風動還是幡動，都是立基於人主動去看，才會認為風及幡在動；如果大家未曾留心在這上面，哪裡管得著風動還是幡動呢？為了這件事情爭論不休，更增添了情意的造作，失去了印宗法師要大家交流佛法的用意。

第二層涵義，惠能是要告訴大家，我們如果用智慧去觀照萬物，依照佛法，應該是要看到萬物的因緣，是因緣促使萬物變動；每一件事物以無限的因緣拆解下去，根本沒有變動的情形。所以，這裡不能如和尚們所說，是風動或幡動；因為，如果從因緣和合切進去看，表面上的風、幡根本也不算是在動，而是因緣在動。由這樣推論，惠能才說，其實真正在動的，是各位仁者的心啊！

大家聽到惠能的話，覺得很是驚訝，印宗法師當然也聽到了這番話。隔天說法完畢後，他問大家：「昨晚我聽到有某間寮房在論義，最後一位說話的人是誰呢？這個人一定有好師承啊！」有人說：「是新州的盧行者。」印宗法師說：「請行者移駕我的屋裡。」

見到惠能後，印宗趕緊請他到上席的座位，並詢問他對於佛經奧義的理解。只見惠能不疾不徐，言詞簡練通俗，卻又能恰到好處地允當說理，且不拘泥於經文，這讓印宗法師很是佩服。

印宗問：「行者您一定不是尋常的人物。據傳說，黃梅五祖弘忍大師的衣缽已經到了南方；忍大師所傳之人，莫非就是行者您嗎？」惠能：「不敢當，您說的正是在下。」

得知眼前坐著的正是五祖傳人，印宗法師恭敬地向惠能行了禮，並請惠能出示他繼承的衣缽，讓眾人來禮敬瞻仰。

不二之法

印宗法師進一步詢問：「黃梅五祖在傳衣付法給您的時候，是怎麼樣傳授及指點佛法的呢？」

惠能說：「弘忍大師並沒有特別的傳授或指點，他強調要『見性』——要我用智慧洞察到本性最原本純淨的樣貌，並未特別主張禪定與解脫的修行。」

印宗問：「為什麼不強調禪定、解脫呢？」惠能說：「因為，禪定和解脫只是兩種方法；從禪定到解脫，最高只是成就阿羅漢的果位。佛法則是不二法門；解脫之後，還可以讓我們提升到菩薩與佛的境界。」

印宗接著問：「什麼是佛法的不二法門呢？」

惠能回答：「法師您為眾人講述《涅槃經》，應當知道佛性本身就是佛法的不二法門。就像高貴德王菩薩問佛祖：『那些犯了四重禁、作五逆罪的，以及一闡提，他們是不是斷絕了善根和佛性？』佛祖說：『善根有兩種，一種是恆常不變的，第二種是變化不定的；但佛性並沒有這樣的區別，所以不會斷絕，因此名為『不二』。人類的言行、思想也有兩種表現，一者為善，二者為惡；佛性卻沒有善惡的分別，所以名為『不二』。

「佛法的道理，從修行到解脫，進而成菩薩、成佛，是一貫通達的；對於善、惡或各種事項、修行法門的區別，只是於初步而言需要一些知識上的學習，分別各種名相、概念。例如，像是所謂的五蘊與十八界，一般人會認為那是有區別的，五蘊與十八界的各個名相不同，指涉的對象也都不同。然而，有智慧的修行者完全明白，『蘊』和『界』的說法，都是一貫相通、息息相關的，皆是從基本的修行，一路到成佛的過程而已。這種毫無二致的本性，就是佛性。』」

四重禁、五逆罪及「一闡提」

「四重禁」指違反四種嚴重的禁戒。分別為「殺生」、「邪淫」、「偷盜」、「妄語」，又稱「四重罪」。

「五逆罪」為佛教中極惡的罪行，將墮入阿鼻地獄。小乘佛教的五逆罪包含「殺父」、「殺母」、「殺阿羅漢」、「破和合僧」（離間僧人和諧）以及「出佛身血」，其中以「出佛身血」較為特別；其原指佛陀在世時，有人惡意破壞、傷害佛身，例如拿石頭、物品丟砸佛陀，使佛陀受傷、流血，最著名的例子就是佛陀堂弟提婆達多曾傷害佛陀，但後來因被感化而出家以佛為師。佛陀寂滅後，因已不能再傷害佛陀肉身，所以「出佛身血」泛指任何毀損佛像的行為。

大乘佛教的五逆罪則包含犯了小乘五逆罪之一、盜毀常住、誹謗（聲聞、緣覺及佛法）、殺害或妨害僧人修行，以及不信因果。「一闡提」則為梵文 Icchantika 之音譯，指不具佛性或斷善根的人。

蘊、處、界

「五蘊」的「蘊」是積聚、集合的意思。「五蘊」即指色蘊、受蘊、想蘊、行蘊、識蘊，意思就是物質的積聚、感受的積聚、概念認定的積聚、情意的積聚與分別式認知的積聚。

「十八界」為「六識」加上「十二處」。佛教將眾生攝取資訊的管道分成內、外六處共十二個。「六內入處」為眼、耳、鼻、舌、身與意內入處，又稱為「六根」；前五者相當於感官，也有認為是較細微的感官神經，「意入處」則是綜合、分析各種資訊的能力。

「六外入處」又稱「六境」、「六塵」，指的是色、聲、香、味、觸與法外入處，即為「六內入處」所對應的六種對象；例如：「眼內入處」所看到的，就是顏色、形狀等「色外入處」的顯現。

「十二處」加上眼、耳、鼻、舌、身與意等「六識」即為「十八界」。「六識」指的是「六內入處」捕捉到「六外入處」時所產生的分別認知、分析、判斷、思考等動作。

聽到這番說法，印宗法師十分歡喜，對著惠能合掌敬禮，同時也自嘆不如：「聽完大師您闡述的佛理，我覺得自己以前講說的佛典經文，猶如瓦礫般粗鄙；今日您所講的，則如真金般堅實。」

正式剃度

過了幾天，日子適逢乾封二年（西元六六七年）正月十五，印宗法師出面主持，召集眾人，正式為惠能剃度。〈六祖能禪師碑銘〉云：「（印宗）歎曰：『化身菩薩在此，色身肉眼凡夫，願開慧眼。』遂領徒屬，盡詣禪居，奉為掛衣，親自削髮。」

雖說印宗是惠能的剃度師，但他知道，對佛法的理解和悟性，惠能明顯在自己之上；通過惠能先前的解說，自己始得禪門真諦。以佛法為尊，印宗誠心禮敬，尊奉惠能為師。

同年二月初八，為惠能授具足戒（指出家後成為比丘或比丘尼應遵行與接受的戒律，受戒後才能正式成為僧團成員）。相傳這戒壇是南朝宋求那跋陀羅所置，曾有過預言：「之後會有羅漢登上這個戒壇，會有菩薩在此受戒。」而惠能大師在此受具足戒，算是呼應了當時的記載。

西京總持寺智光律師則為惠能的「授戒師」（負責正授戒律者，必須由戒臘（出家人受具足戒後的年數）十年以上的僧人出任，又稱為「得戒和尚」），蘇州靈光寺惠靜律師為「羯磨師」（負責在戒場為受戒者指示作禮、乞戒等規矩儀式，必須由戒臘五年以上的僧人出任），荊州天皇寺道應律師為「教授師」（負責教授威儀作法，必須由戒臘五年以上的僧人出任），這三位法師後來都跟隨惠能學道。負責證戒的包含中天竺耆多羅律師，以及西國的密多三藏。

二千五百多年前，釋迦牟尼在菩提樹下悟道成佛，惠能與法性寺的菩提樹也深有緣分。關於惠能出家戒壇旁的菩提樹為何人所種，有不同說法。《六祖大師緣起外紀》與《高僧傳》皆提到，智藥三藏在梁天監元年（西元五〇二年）航海而來，帶著從天竺（印度）持來的菩提種子植種，相傳這是中國第一棵菩提樹。〈曹溪大師別傳〉則說，南朝梁末年時，真諦三藏在惠能出家的戒壇旁邊，親自種下兩株菩提樹，並告訴眾僧人：「要看好這菩提樹，因為日後將有菩薩僧在這樹下闡揚無上乘的佛法。」不論哪個版本的傳說，皆呼應了惠能受戒演說之事。

如同憨山大師在〈重修六祖殿碑記〉中所言：「至儀鳳初，因風幡之辯，脫穎而出，果被剃於樹下，登壇受戒，推為人天師，以符玄讖。」菩提樹栽下一百多年後，惠能正是坐在法性寺的菩提樹下，開始講授東山法門。

求那跋陀羅

梵名Guṇabhadra（意為「功德賢」，西元三九四至四六八年），為南朝宋著名譯經僧人。原是中天竺（印度）人，婆羅門種姓。

幼時學習五明諸論，五明為古印度五種學術，包含語文學的「聲明」、工藝學的「工巧明」、醫藥學的「醫方明」、論理學的「因明」，以及宗教學的「內明」。後因讀《雜阿毘曇心論》有所體會，遂信佛法，出家受具足戒。先學小乘，通曉三藏，後深研《般若經》、《華嚴經》等大乘經典，並進行宣講誦讀，時人尊稱其為「摩訶衍」（大乘）。

南朝宋元嘉十二年（西元四三五年），求那跋陀羅由海路經師子國（今斯里蘭卡）抵達廣州，居雲峰寺。歷經南朝宋文帝、孝武帝及明帝三朝，備受推崇。先是宋文帝敕居建康祇洹寺翻譯佛經，求那跋陀羅召集眾僧，譯出《雜阿含經》五十卷，後於東安寺譯出《大法鼓經》二卷、《相續解脫經》二卷。元嘉十三年（西元四三六年）於丹陽郡譯出《勝鬘經》一卷，又於道場寺譯出《楞伽經》四卷、《央掘魔羅經》四卷。元嘉二十三年（西元四四六年），譙王劉義宣出鎮荊州（今湖北荊州），要求其一同前往，於辛寺譯出《無憂王經》一卷、《八吉祥經》一卷以及《過去現在因果經》四卷。在荊州透過弟子法勇傳譯度語，宣講《華嚴經》。

孝建元年（西元四五四年），譙王荊州謀逆，後為王玄謨所敗，並奉孝武帝之命護送求那跋陀羅回到建康。孝武帝大明七年（西元四六三年），久旱不雨，求那跋陀羅奉敕祈雨，天降甘霖，獲賜甚豐。其所譯經典共計五十二部一三四卷，「又謹傳譯，字句雖質而理妙玄博」。

〈光孝寺（即惠能出家的法性寺）志．序〉：「光孝寺自雲摩耶舍、求那跋陀羅二尊者創建道場，嗣後達摩始祖、惠能六祖先後顯跡於此，一時寶坊淨域，為震旦稱首。」

智藥三藏

生卒年不詳，天竺人，為曹溪寶林寺創立者。相傳於南朝梁天監元年（西元五〇二年）經南海至建康時，行至曹溪，因口渴遂以手取曹溪溪水飲用，深感水質甘美，知道溪水源頭必是殊勝之地，於是往上溯源，果然見到奇峰山水，猶如西天之寶林，認為將有無上法寶在此弘化。當時韶州的官員侯敬中將此事上奏朝廷，寺院遂於天監三年（西元五〇四年）落成，並敕額「寶林寺」。

智藥曾預言一百七十年後，將有肉身菩薩在寶林寺演說度眾。另相傳其曾於求那跋陀羅在法性寺所建立的戒壇旁，親手種植菩提樹。惠能後來如同讖語所言，在法性寺出家，隔年又到寶林寺弘揚佛法。

真諦三藏

真諦（西元四九九至五六九年），梵名Paramārtha，為「攝論宗」之祖、譯經泰斗，與鳩摩羅什、玄奘、義淨（或為唐密祖師不空）並稱「漢傳佛教四大譯經家」。

真諦是西北印度優禪尼人，婆羅門種姓，姓頗羅墮（Bhārata），精通大乘佛教妙理。南朝梁中大同（「中大同」為梁武帝蕭衍的第六個年號）元年（西元五四六年）攜帶經典抵達南海，太清二年（西元五四八年）謁見梁武帝。時值太清之亂，遂南歸，輾轉各方遊歷，所到之處皆譯經不輟。

真諦在廣州曾居住七年，廣州刺史歐陽頠迎請居住制旨寺（即惠能剃度之法性寺，今稱光孝寺），期間翻譯經典成果甚豐。

譯作以《攝大乘論》、《攝大乘論釋》最具影響力，為南朝「攝論學派」主要的理論依據。另譯有《金光明經》、《律二十二明了論》、《中邊分別論》、《十七地論》（此書乃《瑜伽師地論》之別出本）、《俱舍論釋》、《大乘起信論》等，以及唯識論典《大乘唯識論》、《轉識論》等。

第五章　返回曹溪

自性能含萬法是大，萬法在諸人性中。若見一切人惡之與善，盡皆不取不捨，亦不染著，心如虛空，名之為大。

自從弘忍傳衣付法後，惠能大師千山萬水南渡避難，經歷過了被追捕殺害的艱險，度過了於獵人隊隱居的困苦，百劫千難之間性命幾度垂危，如今總算和顛沛流離的生活告別，在法性寺出家。對惠能來說，這是既難得又可貴的緣分。

弘忍圓寂

某日，坐在當年真諦三藏種下的菩提樹旁，惠能開始為大家講授佛法：

「今天可以和韋使君（韋璩，陝西長安人，於唐玄宗時任韶州刺史，曾率同僚請惠能入城，於大梵寺說法）、各位官員們，以及比丘、比丘尼等僧眾，還有遠到的各方居士在這邊聚會，這真的是過去無數世積累下來的因緣啊！我想，這是因為各位在過去諸世中曾經供養諸佛、種下善根的緣故，如今才有緣分聆聽頓教法門。要知道，這『頓教』是歷代聖師流傳下來的，並不是我惠能的智慧；現在可以接續傳布，也是累世的緣分。諸位要先清淨自己的心，聽受佛法後都能各自除去疑惑和癡迷，若能如此，大家便和歷代聖人的境界沒有差別。」

惠能強調「各令淨心」的目的，是希望大眾可以還復本自具有的自性清淨，這樣的自性是人人天生具備的；只要各自除疑，便能找回原有的本心，這樣的境界和聖人、先師都是相同的，沒有高低的等級區別。

聽到大師這樣說，眾人歡喜地向惠能恭敬禮拜。惠能的話語彷彿在聽者心中栽下了種子：原來自己是本自具有佛性的，並不低於古聖先賢。這番話如同一劑強心針般鼓舞了信眾，大家帶著滿滿的信心預備踏上修行之路。

而在惠能南渡後數年的某天，在黃梅的弘忍把門徒召集起來，告訴大家：「佛陀的大法已經遠離此地南下，我也應當離開了。」

大師回到寮房後，安穩靜坐著。在上元二年（西元六七五年）十月二十三日這天，五祖圓寂。關於弘忍生卒年的另一說為唐咸亨五年（西元六七四年）卒，認為其應生於隋仁壽元年（西元六〇一年）。

弘忍終年七十四歲，唐代宗敕謚「大通禪師」。大師的遷化，讓百鳥哀哀鳴叫，花朵散發異常香氣，太陽失去明亮的光芒，風雨摧折了樹木。

中國佛教在此翻過了一頁，接下來便是由惠能展開新的篇章。

根據《舊唐書．一百九十一卷》所載，惠能在弘忍去世後，曾住過廣州廣果寺；當時「神秀嘗奏則天，請追惠能赴都，惠能固辭。神秀又自作書重邀之」，但惠能還是婉拒了。惠能真正長住的並不是廣果寺或法性寺，而是曹溪的寶林寺。

惠能在法性寺出家之後，四方大眾慕名前來。聽法禮拜的人越來越多，法性寺的空間已經容不下蜂擁而至的人潮了。惠能思索著，是時候另外建立一個適切的基地，才能完成弘法大任。

於是，惠能告別印宗法師，前往曹溪。

寶林寺

為中國著名寺院，相傳是天竺僧智藥三藏創立。寶林寺始建於天監元年，於天監三年（西元五〇四年）落成。隋朝末年毀於兵火，一度荒廢。

唐朝儀鳳二年（西元六七七年）惠能駐錫曹溪，重建寶林寺，並於此弘揚頓教法門。唐中宗神龍元年（西元七〇五年），敕改寶林寺為中興寺，後又敕額「法泉寺」，並予以崇飾。

宋朝初年，五代南漢政權殘兵為患，寺廟毀於祝融；宋太祖開寶元年（西元九六八年）修復，賜名「南華禪寺」，沿稱至今。元朝末年三遇兵火，寺院焚毀衰弱頹敗，僧人四散。直至明代萬曆二十八年（西元一六〇〇年），憨山德清住持曹溪，中興祖庭。然而，到了明朝末年又復荒廢。

清康熙年間，平南王尚可喜曾修寺院。西元一九三四年，虛雲和尚應李漢魂將軍禮請，親自前往荒圮的南華寺復興重建，更改建築布局；此期間遇八年抗戰、廣州淪陷，各地僧侶投奔，歷時十年方完工。虛雲有〈重興曹溪南華寺記〉一文述其事。

擴建寶林寺

儀鳳二年（西元六七七年）春天，惠能回到寶林寺準備重建道場。臨行前，信眾們依依不捨，有將近千人來送行。跟隨惠能一起到曹溪的群眾，則包含通應律師、各方學者、弟子等數百名之多。

大師當年前往東山求法，曾路過曹溪村與無進藏尼討論經典；那位不識文字卻充滿智慧悟性的行者，早成為曹溪村居民傳遍的佳話。盼了許久，高僧終於回到曹溪，前來求法者自然絡繹不絕。

到了寶林寺後，惠能登堂說法，為大家開示自性般若。寶林寺原本的殿堂就不大，學徒們不斷湧入後，僧舍便不敷使用。然而渴求佛法和期待親炙惠能大師的人只增不減，狹小的寶林寺就要容納不下聽講的信眾了。

惠能當然樂見佛法廣為流傳，但要如何能讓條件更為具足呢？於是，他到處打聽寶林寺周遭土地的擁有者，希望可以盡力擴建寺院。當惠能得知這周圍的地主是當地鄉紳陳亞仙所有，便動身化緣。

某天，惠能來到陳亞仙家中。兩人雖是初次見面，然而惠能當年在曹溪村的種種事蹟，已經在陳亞仙心中留下極好的印象。見到陳亞仙後，惠能便直接表明來意：「貧僧想向施主懇求一塊可以容納坐具（佛教僧侶用具，指鋪在位置上供坐臥使用的布塊）的地方，請問您願不願意布施給我呢？」

「坐具？」面對師父的請求，陳亞仙很是好奇：「不知道師父您的坐具多大、多寬呢？」惠能便從懷中拿出一塊破舊布塊給他看。看到那塊又破、又小、又單薄的坐具，陳亞仙忍不住啞然失笑：「師父您是在開玩笑吧！原來只是想跟我要一塊這麼小的地？您儘管拿去用吧！」

相傳，當惠能得到陳亞仙慨然贈地後，便將手中的坐具打開，往空中一拋，那圓型的布塊竟然越變越寬、越變越大，一下子就把寶林寺四周的土地都籠罩進來；原來，這是因為四大天王現身，坐鎮四方，才出現這樣奇特的景象。如〈六祖法寶壇經略序〉云：「四天王現身，坐鎮四方。今寺境有天王嶺，因茲而名。」

惠能的「坐具之地」一下子綿延了數十公里，讓陳亞仙大呼驚奇，知道眼前之人必定不凡，於是恭敬地告訴惠能：「今天真是有幸見識到大師您的法力無邊！寶林寺附近的土地我曾找人看過，都是風水極佳的寶地，能貢獻給師父傳授佛法，這也是我的因緣和福氣。不過，我有一事相求：我們陳家的列祖列宗都長眠於此，希望大師來日建塔時，可以留下我家族的祖墳，讓先人們安心長眠。除了祖墳之外，其他寶林寺附近的土地，我都全數捐獻。」

得到陳亞仙的捐地後，曹溪村民們也有錢出錢，有力出力，一同為寶林寺的擴建貢獻心力。大約兩年的時間，十三所院寺在惠能的規劃、指導下，終於完成了。寶林寺成為規模宏偉的道場，惠能在這裡開上乘禪、度無量眾，展開三十七載的弘法生涯。

關於惠能說法度眾的時間，文獻上各有不同的看法。《曹溪大師別傳》認為傳法三十六年，宗寶本《壇經》認為是三十七年，《傳法正宗記》則說惠能「說法度人，至是（指到惠能逝世前一年）已四十載。」

雖然說法上有差異，但綜而言之，惠能至少說法度眾三十餘載，讓曹溪寶林寺成為嶺南的禪學中心。

四大天王

又稱為「護世四天王」，為佛教的護法神。在須彌山腰的犍陀羅山中有四座山峰，各峰有一王居住，護持四大洲。

東方為「持國天王」，印度式造像，手持寶刀。中國形象為手持琵琶或阮琴，其有二義：一、弦樂器鬆緊要適中，太緊則易斷，太鬆則聲不響，表行中道之法；二、是主樂神，表示用音樂來使眾生皈依佛教。漢地認為祂手持的琵琶代表「風調雨順」中的「調」。

西方為「廣目天王」，印度式造像，手持書卷與筆。中國形象則手纏一條龍或蛇，有二義：一、表世間多變之意，二、是龍神的首領。另一手上拿著寶珠，表內心不變之意。漢地認為祂手持的龍代表「風調雨順」中的「順」。

南方為「增長天王」，印度式造像，手持戟。中國形象為手握寶劍，有二義：一、寶劍象徵智慧，慧劍斬煩惱；二、為的是保護佛法，不受侵犯。漢地認為祂手持的劍代表「風調雨順」中的「風」。

北方為「多聞天王」，四天王的首領。印度式造像，右手托寶塔，左手持三叉戟。中國形象則為左手臥銀鼠，右持寶傘（或作寶幡），有二義：一：傘蓋代表要保護自己的內心，不受外面環境染汙；二、用以遮蔽世間，避免魔神危害，以護持人民財富。又名施財天，是古印度的財神。漢地認為祂手持的傘代表「風調雨順」中的「雨」。

當時，寶林寺殿前有一個大水潭，經常有一條巨龍出沒。這條巨龍五色斑斕，指爪銳利，身體伸展開來恐有數里之長，不定期地在樹林間往來穿梭擾亂，凶惡異常。每當巨龍現身時，水潭波浪洶湧，浪花四處激濺，天空中雲霧充滿陰影，而且伴隨著震耳欲聾的怒吼，讓附近的居民十分懼怕。

這天，巨龍又出現了，身影遮蔽了整片天空，信徒們慌亂躲避。只見惠能神色自若地站在原地，對著巨龍說：「真正的神龍，應當是可以變化大小的，如今你只以大而不能以小現形，怎麼能叫人相信你有神通呢？」巨龍為了炫其所能，頃刻之間馬上幻化成小龍。

惠能接著說：「你果能化成小身；但是，你有辦法進到我手中的缽裡嗎？」小龍聽了，馬上躍入缽中，惠能立刻將缽蓋上，帶回到法堂為牠說法。巨龍聽聞佛法後自知以前的行為，實是搗蛋無理，傷害了無辜的居民，當下悔悟不已，於是往生脫骨而去。巨龍留下的遺骨有七寸之長，首、尾、腳、足都完好無缺。惠能於是將大水潭填平，此處就是寶林寺大殿右前方的鐵塔所在地。

寶林寺的位置距離韶州城中並不算遠；當時的韶州刺史韋璩，非常仰慕惠能大師道風，希冀能親近佛法來滋潤心田，更期待進一步讓蠻荒的嶺南民風可以淨化。於是，他親自帶領部署和幕僚懇請惠能前往韶州城內的大梵寺講經開示，惠能也欣然答應邀請。

除了韋刺史、官員和當地學者三十多位參加，還有比丘、比丘尼、道長、居士及俗家子弟等共一千多位前往聽法，成為韶州大梵寺的盛會，惠能此次講述的內容也成為《壇經》的主要內容。

到了大梵寺後，惠能登上講壇便請大家要排除心中雜念，反覆誦讀「摩訶般若波羅蜜」。

惠能首先告訴大家：「菩提般若的智慧，是世間上每個人本來就擁有的；只因為心地受到迷惑，所以沒有辦法自己去領悟，需要懂得佛法的高僧來開示引導。我們應當要知道，不論是愚鈍的人或聰明的人，具有的佛性都是沒有差別的；只是因為迷惑、覺悟的不同，所以才會有愚智之別。

摩訶般若波羅蜜

「摩訶般若波羅蜜」為梵文 mahā-prajñā-pāramitā 的音譯。「摩訶」是梵語 mahā 的音譯，意譯則是「大」，也就是廣大的意思。「般若」是梵語 prajñā 的音譯，意即「智慧」；智慧的表現是通達世間萬物背後的條件、道理或依據。玄奘法師在翻譯《大般若波羅蜜多經》時，認為當時中文沒有能夠完全表達「般若」原文的概念，所以就保留了音譯。

「波羅蜜」是 pāramitā 的音譯，有時在佛經中也翻譯為「波羅蜜多」，意為「到彼岸」、「度（渡）」或「菩薩至上法」。因此，「摩訶般若波羅蜜」意即「以（佛法）大智慧到達解脫的彼岸」或是「菩薩行者之至上、至大的智慧」。

「有很多人成天都口口聲聲念著『般若』，卻不認識自己心中本有的佛性；這就好像一直叨念著食物的名稱，並不能真正填飽饑餓的肚子。嘴裡一直說著『空性』，歷經萬劫還是沒有體悟自性，最終都是無用的。

「『摩訶般若波羅蜜』是古印度的梵語，意思是『憑藉佛法的大智慧抵達解脫輪迴的彼岸』；這需要靠修行實踐，而不是用嘴說說而已。只有口頭誦念，卻沒有誠心修行，就像是如夢幻化般不真實，如朝露、閃電那樣快速消逝；要口念心行，便能心口相應。人的本性就是佛性，離開自性就沒有別的佛了。

「『摩訶』是『大』的意思。心能容納的範圍寬闊廣大，如同虛空。沒有邊際、方圓大小、青黃赤白顏色、上下長短區別；也沒有發怒與歡喜、是與非、善與惡、頭與尾的對立。人人具有的佛性本來也具有虛空之性，並非真有一個法門可得。所以自性真空，也是如此。」

惠能進一步提醒大家不要執著於虛空；因為，一旦認定了有一個虛空的東西可以，就誤會了佛法中談的「空」。「空」，只是用來解釋世界上的所有人事物都並非實際存在，而是會不斷變動，而且由無限的因緣所組成，也因此才能夠理解萬物變化到底是為什麼。如果認為有個虛空可以把捉，人就會執著在虛空上而不可自拔。所以，執著是一種妄心，會遮蔽自性。

惠能特別指出：「最首要的就是不執著於『虛空』！因為，『空性』並不是空無一物；如果用這執著的心去靜坐，便會被這執念遮蔽自性。真正的『空』，是可以包含萬物、形狀、日月星辰、山河大地、泉源溪澗、草木叢林、壞人好人、惡法善法、天堂地獄；一切大海、須彌諸山，都是在『空』中，眾生自性的虛空，也是如此。

「自性可以包容萬法，所以是『大』。萬事萬物都存在人的自性之中；如果能對於所有人，無論是好是壞，都能不偏愛、不棄捨，也不要執著，讓心能虛空包容，就是大，所以就叫『摩訶』。

「癡迷的人只會用口說，有智慧的人則誠心修行。我們也可以看到，有些迷妄的人，只會空心靜坐，斷絕心念不思不想，自己稱自己為『大』。這一類人，不可以和他們共語，因為那是愚昧的偏見。

「各位善知識！心能容納的範圍寬闊廣大，是遍及法界的，隨著心的作用，便能了然分明；切合使用於不同境相，便能認識一切萬物。在眾生與世間萬物的關係上，每個人要以自己的本心去認識萬物。

「乍看之下，好像人與萬物之間是不同的個體；然而，事實上，一旦可以和對象產生認識的關係，就代表我們與萬物之間已經達成一定的連結，兩者的因緣就已經牽連起來了。這時候，我們會看到世間萬物都有因緣，不論世間萬物如何變化，都可以被『因緣』解釋；就『因緣』而言，透過我們認識並解釋世間萬物，萬物的意義、變化就這麼展開而有多樣的表現。這就是『一切即一，一即一切』的意思。

「『一』就是內涵因緣的本心，『一切』就是被心所映照而出的萬事萬物。只要能夠掌握這樣的道理，則眾生都可以來去自由，心體沒有滯礙，這也相當於運用了『般若』在觀照世界。」

法界

「法界」的「法」，是梵語 dharma 的意譯，指的是構成世間萬物最基本的項目或單位；「界」，則是梵語 dhātu 的意譯，相當於領域、範圍。「法界」用以指稱世間一切事物、構成現象的基礎，亦即萬事萬物都是由「法」所構成的。

惠能接著說：「一切的般若智慧，都是從人本有的自性而來，是不假外求的，絕對不要錯用心意，這就是自性的真如作用；獲得離虛妄的真如，一切便真實不虛。佛性以轉迷開悟做為大事，不做那些空坐的小道。所以，不要成天用嘴巴說著『空』，卻不誠心修行；這就像是凡夫俗子自稱是國王，自吹自擂，終究不能登上王位的。這樣的人不是我的弟子。」

什麼是「般若」呢？惠能說：「『般若』在漢語中就是『智慧』的意思。

『智慧』指的是，能夠觀察到世間萬物都有其背後的因緣，而沒有獨立、不變的個體。如果我們把人事物都看成獨立的、不變的，就會想要抓住對象，認為對象是可以被我永久掌握的；然而，事實上，世間哪裡有這樣的東西呢？很多人看不清楚這樣的道理，以為自己的身體可以不老不朽，以為有些關係可以永遠不變質，這就是沒有好好運用『智慧』處世所造成的。這樣生活的結果，輕則是觀念錯亂，重則永遠不能認識到佛性，也就永遠不能成佛了。沒有用『智慧』來看待『空』，就會造成這樣的結果。

「所以，如果能充分運用『智慧』，則在所有的地方、任何的時候，心心念念都沒有愚妄，永久奉行般若智慧來行事，這就是『般若行』。只要一個念頭愚妄，般若便消失；只要一個念頭智慧，般若便又顯現。許多世間人愚迷，沒有體見般若智慧，只是用嘴巴說說；心中常有愚妄，又經常自稱在『修行般若』；念念不忘地說『空』，卻不認識真正的空性。般若無形無相，智慧之心便是。如果可以有這樣的認識，就叫做『般若智』。」

而什麼是「波羅蜜」呢？惠能說：「這是西方古印度梵語，在漢語就是『到達彼岸』的意思；用佛教意義解釋，就是『解脫生死輪迴，到達彼岸』。對世間的境相如果執著，就會落入生死輪迴的循環裡，如同水面波濤起伏，所以名為『此岸』。超脫世間境相、沒有生滅，如同水面平靜無波、沒有障礙地流動，所以名為『彼岸』。許多世間人愚迷，用嘴巴說著波羅蜜，心中卻常有是非妄心；只有每個起心動念都落實在修行的作為，才有真正的佛性。能悟得這個方法，就是懂得了般若法門；不修行就是凡夫俗子，念念修行不懈，便可即身成佛。」

此岸、彼岸

佛教認為，有生滅相、未到真如之地，亦即充滿煩惱、輪迴的世界，稱為「此岸」。而與此相對，解脫生死達到涅槃境界，則稱為「彼岸」。須注意的是，「此岸」與「彼岸」並不是指實際的地點或空間，兩者的差別在於是否解脫煩惱。

其實，煩惱和菩提「是一不是二」，兩者並非對立的存在。惠能說，「凡夫即佛，煩惱即菩提。」普通人身上就有佛性，迷惑之時成為煩惱，悟徹後便是菩提智慧。所以，在染汙、迷惑之中蘊含著佛性的智慧，煩惱可作為成就菩提的根源，所以是不可分割的。

要怎麼打破因為五蘊而產生的一切塵勞、煩惱和苦難呢？在實踐上，惠能開示眾人，用最尊、最上、最第一的佛法「摩訶般若波羅蜜」，便能破除。因為，這個無上的佛法「無住無往亦無來」；也就是說，不會固著於某種外在事物或觀念；既不是往外追求的（「無往」），也不是從外而來的（「無來」）。這既能展現佛法無限開放的特性，又能根本於人人本有的佛性，於是可以生出八萬四千的般若智慧。領悟這個法門，便對世俗之物沒有執念、不追憶強求、也不生起狂妄之心，而能用真如佛性和般若智慧去觀照世界。這樣一來，對於世間萬物的一切現象，便不偏愛、亦不厭棄，這就是見性成佛之道。

《金剛經》妙義

如果想要深入了解佛性的精深奧妙以及「般若三昧」，惠能認為要修持般若法門，並且不斷維持著用智慧觀照萬物的狀態，持誦《金剛般若波羅蜜經》，便能見性。

惠能說：「誦念《金剛經》的功德是無邊無量的，許多經書上對此都有清楚的記載和讚歎，沒有辦法逐一地細說。這個法門是為最上乘、為大智慧、上根之人說的。而悟性較差的小根之人聽到了，心裡也不會相信的。這是為什麼呢？那好比天龍神在人間降雨，洪水把城市、村落都都淹沒了，聚落之中的萬物都漂流浮動；小根之人如同草葉，認為降雨起不了作用，還會讓自己漂散，所以他們是不會相信的。

般若三昧

「般若三昧」的「般若」是智慧的意思；「三昧」則是梵語Samādhi的音譯，有時又翻譯為「三摩地」、「三摩提」等，其意為「等持」，也就是維持在一定的境界、狀態。所以，「般若三昧」就是要修持智慧，並也不斷維持用智慧觀照萬物的意思。

《壇經》中說：「般若三昧即是無念。何名無念？若見一切法，心不染著，是為無念。用即遍一切處，亦不著一切處；但淨本心，使六識出六門，於六塵中，無染無雜，來去自由，通用無滯，即是般若三昧。」所指的意義有所延伸，除了維持用智慧觀照之外，還要不執著於觀照這個行為。

功德

禪宗認為的功德，是指發現本自具有的佛性，普渡、實踐眾生平等。故曰：「見性是功，平等是德。」

上根、小根

上根即上等根器之人。佛教認為，人對於佛法的領悟，有不同的相應能力。「六根之利鈍，有上、中、下三者」，悟性強者稱為上根、利根；悟性差者稱為下根、小根、鈍根；非利非鈍者，稱為中根。

「不過，這場雨要是落在大海中就不一樣了；落在海中，大海的海水量看起來沒有增加也沒有減少。如果是大乘之人、最上乘人，聽到《金剛經》，就會心開悟解。」

惠能用大海來當作比喻，代表上根之人，雨水如同佛法，一落入海中，上根之人就知道這是自己原本具有的本性，所以能得悟。

當惠能還只是一名樵夫時，在送柴期間因緣際會，聽到有人讀《金剛經》，便充滿感應。前往親炙弘忍大師後，五祖為他講解《金剛經》，講到「應無所住而生其心」時，惠能便豁然大悟，理解到萬法不離自性的道理。從求法、弘忍付法到出家弘法，都可以看到惠能與《金剛經》的密切因緣。

惠能接著說：「所以，我們可以知道，人的本性中自有般若的智慧種子；若能自行運用這樣的智慧，經常觀照萬象，便不用藉助文字來獲得知解。例如，前面舉例的天降雨水，那並不是無中生有的，是因為神龍興雲布雨，讓一切眾生、草木、有情、無情的萬物，都能受到潤澤；百川眾流，最後匯入大海，合為一體。眾生本性的般若智慧，也正是如此。

「小根之人，聽聞這樣的頓教法門，猶如前面提到的草木，因為根性柔弱，一但被洪水沖刷後就倒下了，沒有辦法增長。小根之人原本有的般若智慧，其實和大智人是沒有差別的；是什麼原因讓他們沒辦法聽聞佛法後就自己開悟呢？是因為種種邪心妄見遮蔽重重，讓他們的煩惱根生在習性之中。猶如大雲覆蓋了天空，若是沒有大風吹散雲霧，被遮蔽的太陽便沒有辦法顯露出來。

「般若的智慧是沒有大小之別的，只是因為一切眾生對自己本性的迷悟不同。內心充滿迷惑卻向外尋尋覓覓成佛之道，沒有體悟到佛性是本身自有的，這就是小根。如果可以對頓教法門開悟，不執著於外在的修行，自己在內心常興起正見，煩惱、塵勞便無法沾染他的心田，這就是見性。」

正見

為佛教用語，佛說「八正道」之一。一般所說的「八正道」，分別為「正見」、「正思惟」、「正語」、「正業」、「正命」、「正精進」、「正念」與「正定」，表示對於苦、集、滅、道四聖諦有正確的見解與主張。不同經典的記載稍有差異；例如，《雜阿含經・卷二八》云：「正見者能起正志、正語、正業、正命、正方便、正念、正定。」

那麼，據此修行的成果會是什麼呢？惠能說：「各位施主！如果可以對於內心所起的煩惱不執著，對外在物相不持想留念，隨心所欲自由自在，這樣一來便可以破除固執虛妄的心，達到沒有矛盾、障礙的境界。假若修行如此，這樣和《金剛般若波羅蜜經》中所說的就沒有差別了。」

所有的經典、文字、都是為了人而設立的；一切的佛性都是在人的自性之中，佛經典籍都是因人而立。所以惠能說：「一切修多羅及諸文字，大小二乘十二部經，都是為了人而設置的。因為有人類有著智慧的本性，也就是佛性，佛陀因著佛性而講說佛法，被記錄下來後，經典才得以成立。如果世界上沒有人，佛陀也就沒有說法的必要，一切佛法也就不存在了，所以說『一切經書因人說有』。

「人人皆有所不同，有愚鈍的、有聰敏的差別；愚鈍的是小根，聰敏的是上根；當小根之人求問於上根人，智者為其講述佛法，讓愚鈍的人忽然之間就覺醒開悟了，這樣一來愚鈍的人也和智人沒有分別。所以說『不悟即佛是眾生，一念悟時眾生是佛。』最重要的是能見到在自己本性之中的清淨自性。」

修多羅

梵文 sūtra 之音譯，意譯為「契經」，是「九分教」（九部經）中最早出現的；九分教為印度佛典的分類法。

由九分教進一步發展而成「十二部經」，亦即將印度佛典分成十二種，分別為——

（一）契經：又作「長行」，以散文直接記載佛陀之教說，即一般所說之經。

（二）應頌：梵文 geya，音譯祇夜；與契經相應，即以偈頌重複闡釋契經所說之教法，故亦稱重頌。

（三）記別：梵文 vyākarana，音譯和伽羅那，又譯「授記」；本為教義之解說，後來特指佛陀對眾弟子之未來所作之預言。

（四）諷頌：梵文 gāthā，音譯伽陀，又譯「孤起」；全部皆以偈頌記載佛陀之教說。與應頌之差異為，應頌是重述經文中之義，此則以頌文述說教義，故稱孤起。

（五）自說：梵文 udāna，音譯優陀那；佛陀未待他人問法，而自行開示教說。

（六）因緣：梵文 nidāna，音譯尼陀那；記載佛說法教化之因緣，如諸經之序品。

（七）譬喻：梵文 avadāna，音譯阿波陀那；即以譬喻宣說法義。

（八）本事：梵文 itivṛttaka，音譯伊帝曰多伽；記載本生談以外之佛陀與弟子前生之行誼，或開卷語有「佛如是說」之經亦屬此。

（九）本生：梵文 jātaka，音譯闍陀伽；記載佛陀前生修行之種種大悲行。

（十）方廣：梵文 vaipulya，音譯毘佛略；宣說廣大深奧之教義。

（十一）希法：梵文 adbhuta-dharma，音譯阿浮陀達磨，又譯為「未曾有法」；載佛陀及諸弟子希有之事。

（十二）論議：梵文 upadeśa，音譯優波提舍；載佛論議抉擇諸法體性，分別明了其義。

從惠能所說的，可以看到對於不同根器者之區分。雖然每個人根器有別，但這相當於只是能力的不同，而不是有無佛性的差別。每個人皆可藉由培養、學習而逐漸成就，只是每個人所需要的時間與投入的心力有別；然而，如果是有佛性與沒有佛性的差別，沒有佛性的人就不可能無中生有，因修行而變成有佛性了。

惠能重視「人人皆有佛性」，不斷強調佛性是每個人本來就有的，只是因為根器不同，以至於佛性呈現出來的時間不同；有的人一點就悟，有的人卻需要長時間的修行、聽法才能達成。

在大梵寺和眾人說法的過程中，惠能也以自身為例，分享他往昔跟隨五祖弘忍，頓見真如本性而開悟的經過。惠能當時「一聞言下便悟」，所以想要傳播這樣的頓悟法門，讓法門能夠廣為流行，使學道者「頓悟菩提，各自觀心，自見本性」。惠能明白，每個人的根器不同，並不是人人都和他一樣是利根器（弘忍曾說惠能「根器甚利」），所以提醒眾人要找到精通最上乘佛法的高僧，請他們直接指點正確的修道方向，循序漸進地學習；透過高僧的啟發導引，才能建立心中的善法。

「般若三昧」的應用

惠能認為，用佛性來觀照萬物，不論是內在心境或外在景況，都能清澈澄明，認識到自己的本心。能識本心，就能解脫煩惱；得到解脫，就可以達到「般若三昧」的境界。

什麼是「般若三昧」呢？惠能說：「即是『無念』。知見一切法，但內心不會執著沾染，就是無念。它的作用廣布一切地方，卻不被俗塵干擾汙染。因為心地清淨，讓視覺、聽覺、嗅覺、味覺、觸覺以及綜合判斷的思慮等『六識』，可以通過眼、耳、鼻、舌、身、意的六門（『六根』）而出，卻不會追逐心所對應到的境相（『六塵』）干擾或染上煩惱。由於無念是不染著，所以與任何境相接觸時，都能夠應對得宜，對於外在事物當分別認識即分別認識、當收攝停止即收攝停止，不再攀緣，沒有任何滯礙，這就是『般若三昧』。自在解脫修行無念法門，就能用無雜染之心對待一切萬事萬物。

「然而，要注意的是，如果對所有的事情都置之不理，對萬物也一概不想，那便是讓人斷絕心念，執著於法而受到法的束縛，那是片面的見解，只是不接觸外境，而不能來去自在地轉換。只有領悟無念法門的人，對於萬法都能通達，可以見到諸佛境界，能進入佛法界。」

惠能接著說：「各位施主！後代如果有人得到我傳授的佛法，將會把這個頓教法門與志同道合的人一起發願修持，如同侍奉佛祖般；終身不懈怠的人，定能修成正果成為聖者。然而，大家都需要留意，必須遵守前代祖師以來『以心印心』的默傳囑咐，不可以隱匿正法眼藏而不傳。如果遇到不同見解的同行者，修持不同法門，便不可傳付，否則將會損及前人，最後皆無益處；因為，唯恐愚鈍的人無法理解，因而任意誹謗這頓教法門，導致百千劫中延遲了領悟佛性的可能，而無法成佛。」

為了讓聆聽的大眾便於理解和記憶，惠能特別用一首詩偈來傳授「無相戒」；不必拘泥是否出家，在家居士也能根據詩偈的指點實踐，修持頓悟成佛的法門。此偈又稱為〈無相偈〉，亦是「大法船」：

說通及心通，如日處虛空；唯傳見法性，出世破邪宗。
法即無頓漸，迷悟有遲疾；只此見性門，愚人不可悉。
說即雖萬般，合理還歸一；煩惱暗宅中，常須生慧日。
邪來煩惱至，正來煩惱除；邪正俱不用，清淨至無餘。
菩提本自性，起心即是妄；淨心在妄中，但正無三障。
世人若修道，一切盡不妨；常自見己過，與道即相當。
色類自有道，各不相妨惱；離道別覓道，終身不見道。
波波度一生，到頭還自懊；欲得見真道，行正即是道。
自若無道心，闇行不見道；若真修道人，不見世間過。

若見他人非，自非卻是左；他非我不非，我非自有過。
但自卻非心，打除煩惱破；憎愛不關心，長伸兩腳臥。
欲擬化他人，自須有方便；勿令彼有疑，即是自性現。
佛法在世間，不離世間覺；離世覓菩提，恰如求兔角。
正見名出世，邪見是世間；邪正盡打卻，菩提性宛然。
此頌是頓教，亦名大法船；迷聞經累劫，悟則剎那間。

韋刺史和官僚、部屬以及眾多信眾在大梵寺聽聞頓教法門後，對於修持的方向和目標有所領悟，大家都齊聲讚歎；原來，佛性是人人都有的，成佛之路也並非遙不可及。大家一齊朝向惠能膜拜頂禮，並且感歎地說：「實在是太好了！我們從沒有想到，在這蠻荒的嶺南地區，居然有活佛出世！」

在大梵寺的開示內容，透過惠能弟子法海記錄下來，成為後來《壇經》的主要內容與核心觀念。

第六章　為韋刺史說法

若修功德之人，心即不輕，常行普敬。心常輕人，吾我不斷，即自無功；自性虛妄不實，即自無德。為吾我自大，常輕一切故。

為了表示對惠能的敬重，以及對於佛法的渴慕。韶州刺史韋璩又替惠能舉辦了大型的齋會。

福德與功德

這天齋會結束後，韋刺史請大師升座，帶著眾官員、學者以及百姓恭敬地向惠能叩拜，接著提問：「弟子聽聞師父的說法開示，實在覺得不可思議。今日有些疑問，願您慈悲，為弟子解答。」

惠能說：「有疑問就說出來，我當為你解答。」

韋刺史說：「大師您所說的，是不是達摩祖師爺所傳授的宗旨呢？」

惠能回答：「是的。」

韋刺史接著說：「弟子先前聽說，達摩祖師剛開始度化梁武帝時，梁武帝曾問祖師說：『我這一生建造寺廟供養比丘、比丘尼，散發財物救濟窮苦，施捨齋會，我做這些有什麼的功德呢？』達摩祖師說：『並無功德。』弟子不懂這其中的道理，請師父為我說明。」

韋刺史提到的梁武帝（西元四六四至五四九年），就是史上有名的南朝梁武帝，名蕭衍，字叔達，南蘭陵中都里人（今江蘇省武進縣西北），為南北朝時的梁開國君主。晚年信奉佛教，曾三次捨身同泰寺。

在《景德傳燈錄》這樣描寫：

帝（梁武帝）問曰：「朕即位以來，造寺、寫經、度僧，不可勝紀，有何功德？」師曰：「此但人天小果，有漏之因，如影隨形，雖有非實。」帝曰：「如何是真功德？」答曰：「淨智妙圓，體自空寂；如是功德，不以世求。」

菩提達摩直接點出，真正的功德，並不是在世間去求取的。

惠能的解說也與達摩祖師相應，他說：「梁武帝做這些的確是沒有功德的呀！韋刺史你不要懷疑達摩大師的話。梁武帝心中存有邪見，並不知曉佛法的真諦。他造寺、度僧、布施、設齋，那叫做追求『福德』，是一些人世間很現實的生活享受，以及做了一件事情，立刻想要有的回報。就像梁武帝造了寺廟，便想要很多人崇敬他，殊不知自己的心念已經被渴望回報的欲望填滿了。

「一個人如果只追求現實的享受或立即的回報，就會將整個情意投注在短暫而表面的追求上；久而久之，染著的心又會生起。所以，不應該將追求福德當作功德。功德在於體悟法身中的佛性，不在於做一些可以修得福報的事。

「就像我之前說的，『無念』即是『心不染著』；於行善時，心中不生起做功德的念頭，也就是自己的心念並不染著於做功德這件事情上，才是真正的修行、並藉以明心見性，而不是將修行的目標設定在追求功德上。」

惠能進一步對於「功德」進行闡釋。他說道：「『功德』有好幾層意義。例如，發現自身具備的佛性是『功』，除去煩惱、實踐眾生平等就是『德』；念念之間沒有滯礙，經常能照見本性，並且運用佛性真實的神妙變化便稱為『功德』。

「此外，內心謙卑不傲慢是『功』，表現在外的行為合於禮是『德』；從自性中建立了萬法皆是佛性的顯現這是『功』，內心絕離癡愚妄念是『德』；不離自身的佛性是『功』，能應用自性又不受雜染是『德』。若是尋覓功德法身，只要依照這樣去施行，便是真正的功德。

「只要是對於功德透徹了解的人，便不會有輕慢的心，並且對人秉持敬重的態度。如果心懷傲慢，不能斷除對於自我的執著，就不會有『功』；如果自性虛妄不實，就不會有『德』。這是因為，若心中只想著自我，便會輕慢一切的緣故。」

「所以，要能時時刻刻不間斷地想到佛法，這就是『功』；心念和行為都能公平正直便是『德』；自我能體會、領悟佛性是『功』，自我能實踐真如是『德』。所以，功德要從自身去找，而不是靠布施供養去求來的，這就是功德和福德的差別。這是梁武帝不瞭解真理，並不是達摩祖師說錯。」

佛國淨土在心中

韋刺史接著問：「弟子經常看到僧人和民眾們誦念『阿彌陀佛』佛號，來祈願來世往生西方極樂世界。請問師父，他們靠口誦就真的就能在來生前往極樂世界嗎？希望您能為我解答疑問。」

阿彌陀佛

梵文為 Amitābha，意為「無量光佛」，或稱「無量壽佛」（Amitāyus）。其原是世自在王如來時的法藏比丘，發願成就一個盡善盡美的佛國，並要以最善巧的方法來度化眾生；成佛之後，便建構了西方極樂世界。

重點在於，西方淨土乃是提供有緣眾生一個清靜的所在「繼續進修」；其目的仍是讓往生西方的眾生皆得成佛，以救度仍處於無明的眾生。這才是阿彌陀佛的悲願所在。

惠能說：「使君大人請您留心聽著，讓我來為您仔細解說。世尊當年在舍衛城中，宣講西方極樂世界，引化世人；在佛經上都有清楚記載，西方佛國距此並不遙遠。然而，如果用外在世俗的道路里程來計算，則有十萬八千之遙

——這是相對於世人有十惡八邪而言；如此說來，西方世界則是遙遠的。「關於西方世界的距離，說距離遙遠，那是講給下根之人聽的；說距離很近，則是講給上根之人聽的。人有聰悟、愚鈍的不同，但佛法其實並沒有區別；只是，有人愚鈍、有人聰慧，對自性的體悟也有快有慢。愚鈍的人誦念佛的名號祈求往生西方極樂，聰慧的人自淨內心。

「所以，佛陀說：『隨其心淨，即佛土淨』。只要我們的心念清淨無雜，身處任何環境、看什麼事都是清淨的、都是好的；在這種狀態下，就相當於身在佛土的境界了。」

世尊

佛經中常可看到佛陀釋迦牟尼有十種稱號，稱之為「如來十號」，分別為「如來」、「應供」、「正遍知」、「明行足」、「善逝」、「世間解」、「無上士」、「調御丈夫」、「天人師」與「佛」。具備這十種稱號的就稱之為「世尊」，意為世間及出世間共同尊重的人。

舍衛城

為古印度恆河中游北岸拘薩羅國（Kosala）都城，是著名的孤獨園所在地，釋迦牟尼曾於此說法二十餘載。

十惡

又稱「十惡業」、「十惡道」，指——

（一）身惡業的「殺生」、「不與取」（偷盜）、「邪淫」；

（二）語惡業（又稱口惡業）的「妄語」（隨便亂說或指荒唐無稽的話）、「綺語」（歪邪不正、沒有意義的言詞）、「兩舌」（搬弄是非、挑撥離間）、「麤言」（粗言、惡口）；

（三）意惡業的「貪伺」（貪欲）、「瞋恚」（懷憎嫉而怨恨）、「愚癡」。

八邪

與八正道相對，為「邪見」、「邪思維」、「邪語」、「邪業」、「邪命」（不正當的謀生方式）、「邪方便」（又稱為邪精進，為了惡事所作的方便精勤）、「邪念」與「邪定」。

「使君大人！東方之人只要心地清淨便沒有罪過，前往西方佛國並不遙遠，只要心念清淨就到達了；但若懷著不善之心，就算是想靠著口誦阿彌陀佛祈求往生，但也是難以達成心願的。

「所以勸各位施主，要先除十惡，這等於往西方走了十萬里路；再除八邪，就如同往西方淨土再走八千里路。起心動念都要能見到佛性，奉行平等正直；這樣一來，就像彈指之間般快速，便能得見佛祖如來。

「使君大人！只要多行十善之事，何須念佛祈願往生極樂？倘若不斷除十惡之心，只念著阿彌陀佛的名號，又怎麼會有佛來接引？如果能體悟到無生頓法，剎那之間就能見到西方；不能體悟法門，單憑空念佛號，離西方極樂的路途非常遙遠，又怎能到達呢？」

十善

又稱「十善道」、「十善業道」，即翻轉了「十惡」而成的十

種善行，分別為——

（一）身善業道的「不殺生」、「不偷盜」、「不邪淫」；

（二）語善業道（口善業道）的「不妄語」、「不兩舌」、「不惡口」、「不綺語」；

（三）意善業道的「不貪欲」、「不瞋恚」、「不邪見」。

真正的佛土在哪裡呢？距離人們有多遠呢？對於西方淨土的距離，惠能用十萬八千里之遙的形象化來做比喻。因為，眾生若不好好修行以明心見性，而往外去攀緣、追求，對境相產生了染著，淨土便會有著永遠也走不到的距離，因為根本就弄錯了方向。

而通過韋璩和惠能大師的問答，我們可以知道，許多僧俗只想靠念佛前往西方，這是不可得的。只要停止對外的追求，體認到佛性的本意，淨土也就如同在我們跟前一樣，甚至可以說是一點距離都沒有。

所以，追問佛土在哪裡、佛土距離我們有多遙遠？這種問法都是因為沒有確實了解淨土的深意才會提出的。

佛向性中作，莫向身外求

對許多人而言，修習佛法的目的，是為了前往西方極樂淨土。惠能不否定極樂世界的存在，更直接把遙遠的西方佛土拉到眼前。某天，他和信徒們有一場生動的應答。

「諸位師友，惠能現在直接把西方極樂世界搬到你們面前，頃刻之間就讓大家親眼看見。各位是否願意見一見呢？」惠能說。

聽到大師突然這樣說，眾人都以為要展現神蹟了！大家紛紛五體投地頂禮跪拜，充滿興奮、七嘴八舌地說：「如果真的可以在大師您這邊見到西方極樂世界，那我們何必發願往生？希望師父您慈悲為懷，現在展現西方佛土，讓我們都可以看見！」

惠能說：「各位啊！這世間上的人，自己的色身其實就是一座城堡；你們的眼睛、耳朵、鼻子和舌頭是門，在外有五門，在內有意識之門；你們的心就是土地，本性就是這座城裡的國王。

「國王居住在土地上；本性在，國王就在；離開了本性，國王便不復存在了。本性在，身心就能存活；本性不在了，身心也隨之毀壞。所以我要告訴各位：『佛向性中作，莫向身外求。』不論是佛土或佛性，都應該回歸到本性去看，而不應該向外去追求。

「人如果迷失了自性，就是一般的凡夫眾生；若能了悟自性，就成為了佛。慈悲為懷就是觀世音菩薩，有喜、捨的無量心就是大勢至菩薩；保持自性清淨就是釋迦佛祖；有平等正直之心，就是阿彌陀佛。

「若執著人我之見，危害則會像須彌山那樣大；邪妄的心像海水般滔滔，而煩惱就如水面上不絕的波浪；毒害之心，會如惡龍般興風作浪、造成危害；

虛妄的心如同鬼神，將遮蔽人的本性；俗世塵勞像庸碌的魚鱉，讓身心勞累；貪婪、瞋怒的心會使人墜入地獄，陷於愚癡的畜生道中。

色身

「色」在佛經中通常為「物質」之意；一般人的物質身體，即肉身。眾生的色身乃是由「四大」（地、水、火、風，指結合物質的元素）、「五蘊」（「色蘊」、「受蘊」、「想蘊」、「行蘊」、「識蘊」）合成的有形軀體。

觀世音菩薩

梵語Avalokiteśvara，漢語音譯「阿婆盧吉低舍婆羅」、「阿縛盧枳低濕伐邏」，意譯為「觀自在」、「大士」、「觀世音」、「觀自在菩薩」等，為阿彌陀佛左脇侍，西方三聖之一。

佛經稱觀世音菩薩大慈大悲，每當眾生有苦難時，便會前往救助解脫苦厄；另會就眾生因緣，化作不同形象予以度化。佛經中以《法華經．觀世音菩薩普門品》中對於觀世音菩薩的記載，最為膾炙人口。

四無量心

慈、悲、喜、捨為四無量心，是佛教中的四支修行方法。「慈」是對一切眾生慈愛之心，「悲」是對一切眾生悲愍之心，「喜」是對一切眾生起喜悅的心，「捨」是對一切眾生無憎、無愛平等中立的態度。

大勢至菩薩

梵語Mahāsthāmaprāpta，又譯為「大精進菩薩」、「遍吉菩薩」，為阿彌陀佛的右脅侍者。以智慧之光普照一切，使眾生離三途，得到無上力量；又彼行時，十方世界一切地皆震動，故稱大勢至。

須彌山

梵語Sumeru，又譯為蘇迷盧山、彌樓山、妙高山或妙光山。古印度宇宙觀中，須彌山位居於世界中央，山高八萬四千由旬（約一百零八萬公里）。

「各位施主！常行十善，天堂就會到來。去除人我之見，高聳如須彌山之我見就會倒塌；去除邪妄的心，貪欲海水便會枯竭；如此一來，便不再有如波浪般的煩惱；忘卻了毒害之心，魚鱉、毒龍等塵勞、危害便消失。

「要從自己的心上去覺悟佛性，就能感受到如來光明；這光明能把眼、耳、鼻、舌、身、意這六門照耀清淨，可以破除六欲諸天。每個人自性裡的光明，能除去貪、瞋、癡三毒，消解墮入地獄等罪過，內外都是光明清澈的，這和西方極樂世界沒有差別。」

原先期待神通展現淨土的善男信女們，聽到惠能大師的這番宣說，充滿振奮和信心！想要破除煩惱，最重要的原來是要能覺悟到自己本有的佛性！

惠能指引大家對自性的清楚感悟，讓信眾們皆為之讚歎：「善哉！」一起齊聲祝禱：「希望一切法界眾生，都能在聽聞佛法後而悟解！」

佛教在解脫道的世界觀為三界六道，「三界」指「欲界」、「色界」與「無色界」三層眾生之生存領域；「六道」指天、人、阿修羅、地獄、畜生與餓鬼六種生命形態。

「六欲諸天」則指欲界中再區分出的六重天，又稱「六欲天」，依序為：「四王天」、「忉利天」、「夜摩天」、「兜率天」、「樂變化天」與「他化自在天」。

想要修行佛道，一定要出家嗎？在家居士又該如何修行呢？惠能用〈無相頌〉來和大家分享，只要依此頌偈去做，即使沒有剃度出家，也能有如與大師同處修學一般；若不依此修習，出家又有何益？這首頌偈是這樣說的：

心平何勞持戒，行直何用修禪？恩則孝養父母，義則上下相憐；讓則尊卑和睦，忍則眾惡無喧。若能鑽木取火，淤泥定生紅蓮。

苦口的是良藥，逆耳必是忠言；改過必生智慧，護短心內非賢。
日用常行饒益，成道非由施錢；菩提只向心覓，何勞向外求玄？
聽說依此修行，天堂（指佛國淨土）只在目前。

這首頌偈的文字乍看相當平淡無奇，相應於惠能一貫的講授方法，告訴在家居士：所有的德行，像是孝親敬長、謙卑友善、理解與體貼他人、改過向善等，都是再日常不過的事。

但是，修佛與一般德行的差別是什麼呢？差別就在於這些行為不是外在的，不只是形式的學習，也不是外在的深奧道理，而是回到每個人的本性去探求。這本性就是佛性，是人人都有的；只要把本性彰顯出來，呈現出最清淨無雜的樣貌，也就能實踐種種善行，看著世界上的萬事萬物也都是清淨的，佛土也就在我們眼前了。

讀了這首頌偈，吾人或可反省自己的生活日常，進而體會：原來，修行可以在日常生活中實踐，也不離關懷親友等倫常日用；既維持與家人、朋友的和睦，又回歸到自己的本心去探究，不假外求自可法喜充滿。

第七章　南頓北漸、神秀推崇

心地無非自性戒，心地無癡自性慧，心地無亂自性定。不增不減自金剛，身去身來本三昧。

自從參加了韋刺史為惠能在大梵寺舉辦的說法及大會齋後，韶州地區的信眾對於修持方向有了目標，生活上也更加精進，人人都力求悟得惠能所開示之「在自性中的般若智慧」。

惠能當時在大會齋以〈無相頌〉揭示了在家修行法，提到種種德行如孝親敬長、改過遷善等，本就與中國傳統文化相契，讓深奧的佛教道理回到本性上的追求，吸引更多民眾的關注與討論。對惠能的景仰從韶州迅速遍及嶺南地區，一下子更擴展到中國南方，流行日廣。

六祖避難石

普羅大眾對於惠能宣說的佛法能夠理解，更可以在日常生活實行；因為，聽聞頓悟法門者，對於「佛法在世間，不離世間覺」的自度，讓大家充滿信心。曹溪寶林寺因而名聲大噪，吸引了四方士庶僧尼前往參學，每天都有數千人湧入。大家在早晚課、讀經、參禪等修行功夫上努力不輟，勤修心田。

嶺南在唐代是個富饒美麗卻又原始蠻荒的地區，善男信女們知識程度普遍不高，許多是文盲。信眾們發願修行的時候，難免踟躕煩惱，而且道聽途說地認為佛法多是在京城地區達官顯要之間流行的；「我們南方人知識水平不高，真的可以契悟嗎？」

這樣的擔心，在遇見惠能大師之後便消失於無形了！因為，惠能說法的時候，常常以自己做例子，告訴大家：「我和大家一樣都是南方人，佛性是沒有南北的；而且，我也不認識文字，但傳授給各位施主的佛法都是合於大乘教義的。」

所謂「不識文字」，也可解釋為惠能有意識地把佛經文字與意義分開，他更重視佛經的真義，故言「諸佛妙理，非關文字」，目的是讓廣大的底層學道者堅定信心。在宣說佛法的時後，惠能常常用清楚明白、淺顯易懂的詩偈輔助解說；既不講究平仄對仗，也不追求詞藻華麗，更別說是格式音律了！一字一句讓人琅琅上口；質樸的俗俚用法，讓佛法的智慧更能直接與人心相應。

惠能在曹溪寶林的弘法歲月長達三十、四十年之久，闡釋佛法的風格深入而淺出。過去總被信眾們認為是高深莫測、儀式繁瑣的佛教，成為直指人心、不離生活的修行。惠能反對不動不起的坐禪看淨，提倡簡單直接的頓悟成佛，強烈吸引著信眾；使得原本偏僻落後的嶺南地區從此法雨普潤，寶林寺也成為嶺南的佛學中心。惠能的傳法讓佛教寫出了新頁，對中國文化起了振聾發聵的影響。

隨著求法的人越來越多，信徒們不斷湧進寶林寺，惠能的名聲也越發響亮。在寶林寺度過了九個多月升座說法的日子後，意欲搶奪衣缽的惡黨竟然又聞風而至，偷偷在寺院周圍部署，虎視眈眈地緊盯惠能。

終於，某天趁惠能單獨散步時，惡黨們夾帶武器準備對惠能動手：「喂！快把衣缽交出來！」惡人吼道。

來者明顯不懷好意，一時之間又無處可藏，惠能於是趕緊往寺院的前山跑去，讓茂盛的樹林替自己掩護。年輕時，惠能是一位出色的樵夫，即便面對危急時刻，仍能自在從容地穿梭林間。惡黨們加速追捕，眼看就要接近惠能了；這時候，只見惠能飛步前行，頃刻間便登上山峰！這下真把那群亂竄的歹徒氣壞了！

「大家別讓獦獠跑了，衣缽一定要搶到手！」帶頭的惡人疾聲呼喊。

任憑他們奮力追趕，惠能彷彿咫尺眼前，但他所在的頂峰卻又遙不可及。惡黨們追了好長一段時間，天色漸漸變暗了，再追下去只怕會在漆黑的森林裡迷路，連撤退的路也可能找不到。這群惡人又累又狠，不願意放棄對衣缽的貪念，帶頭的首領宣布：「這獦獠太狡猾！大家別追了，去拿火把山林燒了，看他還能躲哪兒！」

就這樣，惡人們縱火燒山，肆虐的大火染紅了天際，大片的樹林被烈燄吞沒。凶猛的火勢一下子就往山頂蔓延；他們等了好一陣子，卻沒有看到惠能下山的身影。夜色已經降臨，月亮朗朗高掛天空，惡黨們心想：「這獦獠必死無疑！」便各自散去。

在這場燒山毀林的災難中，惠能原來藏身於山頂大石的縫隙中；他安然打坐，靜待劫難過去。相傳，那塊藏身的大石頭還留有惠能盤腿打坐的痕跡，以及袈裟的印跡，因此被稱為「避難石」。

對於這次的惠能平靜面對追殺的情況，有如佛見眾生皆為佛一般，慈悲無瞋，吾人可誌之曰：「惡人見佛為獦獠，佛見獦獠亦為佛」。

弘忍大師在世時，門下本就人才濟濟；當其入寂後，弟子們遂形成不同派系，遍及大江南北，各方弘化。因人因地所傳之法不相同，其中以惠能、神秀最為重要。

神秀原是弘忍首席弟子，在弘忍圓寂後離開東山寺，隱密修行十餘載；後來在眾人的擁護下，前往荊州當陽山（今湖北省當陽市）玉泉寺宣揚禪法。神秀承繼了道信、弘忍「以心為法」的宗旨，強調「心」是一切事物的根本，當年弘忍有言：「東山之法，盡在秀矣。」

關於修行，神秀強調「拂塵看淨」，亦即於面對種種煩惱時不受外界影響，保持心地本淨。當初弘忍要弟子們各做詩偈來表達對於佛性領悟時，神秀便提出「時時勤拂拭，勿使惹塵埃」。他提倡的「漸悟」法門以修心為要，重視觀心、攝心，不讓智慧之心帶有雜質，要通過拂除塵埃來透顯原本面目。

神秀十分受到朝廷推崇，被稱為「兩京法主，三帝國師」。兩京就是唐代首都長安、洛陽，且武則天、唐中宗及唐睿宗皆皈依神秀，其所傳之法盛行於北方一帶。

弘忍十大弟子

據傳弘忍禪師有十大弟子，許多文獻皆有記載，但各有出入。弘忍曾說：「傳吾道者，只可十耳。」印順導師《中國禪宗史》考據此十人為：荊州神秀、潞州法如、安州玄賾、資州智詵，華州惠藏，隋州玄約、嵩山老安（道安）、揚州（高麗僧）智德、白松山劉主簿、韶州惠能（印順本作慧能）。

惠能宣揚的曹溪法門平易近人，著眼於當下頓悟，展現出直指人心、見性成佛的禪宗特色。當時北宗流行的看心、看淨受到惠能的批評；因為惠能認為，「心」本來就是虛妄的，沒有什麼可以觀看的；而且，人的自性本清淨，因而反對用坐禪去看淨。

惠能強調的「頓悟」，單刀直入又簡單明瞭，更能與普通百姓相契。許多信徒不必困於浩瀚如海的佛教典籍中，加深對佛法的親近和修持，惠能教法便在南方廣為傳布。

南北的教化當時都十分興盛，逐漸產生頓悟、漸修的分歧；然而，雙方的修習者對於南北區別都不是很清楚。神秀雖力倡漸修，但也並非全無頓悟思想；例如，在觀心的基礎上，神秀說：「諸佛如來，有入道大方便，一念淨心，頓超佛地。」而惠能則告訴大家：「佛道本來只有一宗，只是因為人有南北不同；佛法解脫只有一種，只是因為領悟有快有慢。為什麼要稱為頓、漸呢？佛法其實是沒有頓、漸的，那是因為人的根器各有利鈍不同，所以才有頓悟和漸修的說法。」

惠能看見當時各種教派之間彼此攻訐、爭辯，很容易就生起爭強好勝的惡心，所以他把大家召集到座下，心懷憐愍地說：「學道之人，一切的善念、惡念，都應該要全部除盡；無名稱可為之定名，就叫做『自性』；所謂『自性』，只是為了表達這樣的意義而產生的假名施設。這種無善惡之別的本性，就是『真如佛性』；在『真如佛性』的基礎上建立一切法門、教派，才能真正地悟見本性。」

其實，惠能和神秀門下各有成就，雖然彼此禪法觀點不同，思想上仍有相互學習之處。神秀門徒眾多，某些弟子很看不起惠能，甚至譏笑惠能只不過是個目不識丁的獦獠，覺得惠能沒有什麼特別的長處；這些話傳到了神秀耳中，於是他告訴門徒：

「惠能大師的超凡之處和悟性，不是靠文字去教化的；他通過自心的領悟獲得般若智慧，深悟了上乘佛法，這點我就不如他。而且，我的師父五祖弘忍親傳衣法，怎麼會是無緣由的呢？我住在朝廷道場接受供養，虛受國恩，所以無法遠行；否則，我恨不得自己前去親近惠能大師啊！你們別在這邊滯留了！快去曹溪參學吧！」

由此足見神秀對惠能十分推崇；不但叮囑門徒要前往曹溪向惠能學習，也曾多次向朝廷大力舉薦惠能。

志誠「盜法」

神秀心中一直期待能與惠能同參佛法，可惜自己年事已高，且深受皇恩，無法前往親炙。

某天，神秀把門人志誠叫來，對他說：「志誠你聰明多智，可以替我去一趟曹溪聽法，但凡聽到、學到了什麼，都盡量記取，回來再說給我聽。」

志誠奉神秀之命到了曹溪，默不做聲地和眾人一同參拜，也不願說自己的來歷。在惠能準備開講前，一眼就看到這個穿北方衣著的人，他的眼神飄移閃爍，似有不安。惠能便對大家說：「今天有個盜法的人，就混在你們之間！」

聽到惠能這麼說，志誠趕緊出列，誠懇禮拜，向惠能述說事情的來龍去脈。

惠能聽完解釋後說：「你是從玉泉寺來的，那就是奸細了……」

志誠說：「我不是奸細！」

惠能反問：「你為什麼說自己不是奸細呢？」

志誠說：「如果我不明說自己的來意就是奸細；但我已經表明來意了，所以不是奸細。」

惠能又問：「你師父神秀如何開示大眾？」

志誠答：「神秀大師常指導大家要『住心觀淨，長坐不臥』。」

惠能說：「『住心觀淨』是有問題的修習法，而不是禪法；常坐著不動不起則會讓身體被拘束了，對於佛法的修學又有什麼助益呢？你仔細聽我這首詩偈：

生來坐不臥，死去臥不坐；

一具臭骨頭，何為立功課？

從這首語詞淺顯又饒富趣味的詩偈可以看出，惠能直率地打破志誠原有的執著心。如果只想著在有形的血肉身軀上修學佛法，這樣的想法便會成為障礙，可說是下錯功夫了。

志誠聽了馬上悟得本心，便拜謝惠能：「弟子跟著神秀法師學道九年，一直不得契悟；今天聽大師一說，便契本心。弟子深感生死事大，請大師慈悲為懷，繼續為我開示教導。」

惠能說：「我聽說你師父教導大家戒定慧法，但不知他所傳授的戒定慧，具體的理解及方法是什麼？你說來讓我聽聽。」

志誠說：「神秀大師說：『諸惡莫作名為戒，諸善奉行名為慧，自淨其意名為定。』這就是我師父的說法。不知大師您是如何教誨眾人？」

惠能說：「我要是說有什麼佛法可以傳授給別人，就表示我在欺騙大眾；我只是根據不同情況方便說法，隨方解縛，借用了三昧的假名罷了！像你師父所講解的戒、定、慧，實在是不可思議；而我所認識的戒定慧，和他是不同的。」

志誠聽了覺得奇怪，便問：「戒定慧不是只有一種嗎？怎麼會不同？」

惠能說：「你師父傳授的戒定慧之法，是用來接引大乘的人；而我說的戒定慧，是用來接引最上乘的人。每個人的領悟力不同，開悟及見地也有快慢、深淺之別。你且聽我講解，看我說的與你師父是否不同？我所解說的佛法都是不離自性的：如果離開了自性本體來談佛法，那只是虛幻不實的皮相之說，是自性迷惑不明的表現。要知道，一切萬法都是從自性起用的，這才是真正的戒定慧法。聽我這首偈：

心地無非自性戒，心地無癡自性慧，心地無亂自性定。

不增不減自金剛，身去身來本三昧。

從先前惠能一路說法下來可知，其所把握的基本觀念，即是由自性出發，不認為有個實質的對象而往外探求。所以，依據神秀的說法，有著將善、惡等標準當成外在規範的意思，就像是說：「惡」是外在的不好行為，所以人不應該去做；「善」是好的行為，所以人人都應遵守。「意」雖是自己的意念，卻還有著對治、淨化自己意念的看法，其實也是將「意」視為一種對象。這在惠能看來，都是未能把握自性所導致。

於是，惠能的詩偈即指出，戒、定、慧都不是外在的行為規範，也不是向外學習的對象，而是潛藏於自己的本性之中；甚至也不能將自性視為對象去觀照，而是應從其根本來看，戒定慧本身都無相對的善惡之別，故其本是清淨的。

志誠聽了這首詩偈後，表示懺悔，並馬上再次拜謝大師。他也做了一偈呈送：

五蘊幻身，幻何究竟？

迴趣真如，法還不淨。

志誠領悟到五蘊聚合之身是虛幻的，並非究竟的法身；他也從中要返還真如，了解到佛法真諦並不在於把「淨」當成對象去觀看。

惠能稱許地點點頭，又接著告訴志誠：「你師父神秀所講的戒定慧，是針對那些小根器的人說的；我說的戒定慧，則是用來引導有上等根器的人。如果能對自身本有的佛性契悟，就可以既不追求菩提涅槃，亦不著意於解脫知見。自性空寂，無一法可得，方能建立萬法。如果能理解此意，就可以稱為『佛身』，也可以喚為『菩提涅槃』，也能稱作『解除知見』。見性之人，立亦得，『不立』亦得；在自性中來去自由，無滯無礙，遇事隨機應用，應著話語隨緣回答，隨時隨地的展現都是化身佛。只要不離開自性，就能獲得自在神通，心境無所滯礙，如同在禪定中如遊戲般地任運自在，這就叫做見性。」

志誠再問到：「要怎麼去理解『不立』的意義呢？」

惠能說：「自性中沒有是非、癡愚、迷亂，每一個心念都有般若智慧的觀照，常離世間一切法相，自由自在、縱橫盡得，有何法可立？自己體會自身的佛性，頓悟、頓修，也沒有固定的順序，所以不立一切法。在自性的境界中諸法寂滅，又有什麼次第可立？

「每個人都有其自己的根器、能力，接觸的環境也各各不同。如果設立的統一的次第標準，根器好的反而以為是定準而不可跨越，影響了覺悟的進度；根器不好的若不能達到，又無法變通，豈不是要一直停頓在某個階段而不能提升？所以，應該要認識到修行的根本之處，不立統一的標準，每個人依據自己的情況精進修行，即是最好的方法。」

聽了這番開示，志誠五體投地、衷心感佩。他向惠能禮拜後，希望自己朝夕執事侍奉惠能。後來的他精進不輟，成為惠能十大弟子之一。

志誠原為神秀弟子，受惠能點撥之後而得開悟，並成為其十大弟子之一。這番轉折，吾人誌之曰：「志誠原向神秀學，無物本來惠能還。」

張行昌行刺

雖然神秀對惠能甚為推崇，門下卻仍有些徒眾存愛憎，非常忌諱弘忍傳衣付法予惠能。他們崇敬神秀國師為正統，深怕惠能的頓悟法門廣為流傳後會影響神秀在北方的地位；除了平日私下譏笑、嘲諷惠能是文盲之外，憎恨在心中不斷蔓延壯大。

最後，這分歹念化成了行動；他們趁神秀不注意時，偷偷派遣一個名為張行昌的人去刺殺惠能。

張行昌是江西人，從小崇尚行俠仗義之事，常手持木劍木杖，為人打抱不平。神秀的弟子們故意編派惠能的不是，不停在張行昌面前討論獦獠是個假衣缽傳人；這讓張行昌想要挺身而出，準備好凶器之後就前往曹溪。

張行昌剛一動身，遠在千里之遙的惠能早已心意通達，感知到即將發生的。惠能白天正常傳法，引領修行，到了晚上，悄悄地在座位上放了黃金（或曰白銀）十兩，接著假寐觀察動靜。

那天夜晚，張行昌揣著短刀直接潛入惠能居室，想要奪取大師性命！冰涼的短刀在深夜裡揮動，透過月光映照在刀上，使得刀鋒更顯銳利。張行昌輕點步伐，慢慢朝惠能靠近，在無聲的喘息中，將刀抵住了惠能的頸項。只見惠能平靜地伸出脖子，一動也不動，靜待張行昌下手。

說也奇怪，張行昌用短刀砍了又砍，接連三次，惠能居然毫髮無傷，滴血未出。

黑暗中，惠能對張行昌說：「正劍不畏邪劍，邪劍不勝正劍。從過去因果來看，我只欠你黃金，沒有欠你性命。」

張行昌行刺未果已經無比緊張了，沒想到惠能居然道出兩人過去世的因果！聽了這番話，張行昌嚇得仆倒在地，昏厥過去，好一陣子才醒過來。

醒來之後，他跪著向惠能哀求，表示懺悔改過，並且當下就願意出家。惠能要他收下座位上的十兩黃金，告訴他：「你暫時先離開這裡吧！今晚造成的動靜必定會引起軒然大波。要是我突然冒出個弟子來，大家又詢問你拜師的來龍去脈，他們一時之間一定不能接受，很可能要跟你討公道，甚至會傷害你。

改天你更換服裝，另外打扮之後再回來找我，到時候我會收你為徒。」

帶著惶恐、羞愧及不安的心，張行昌靜靜離開曹溪。後來的他真心痛改前非，不再意氣用事，更到了一座寺院出家受具足戒，每日勤奮修行。

出家後的張行昌勤修奮勉，從沒忘記惠能的叮嚀。大師的慈悲囑咐一直縈繞於心，每當修行中遇到不解之處，他總想著：「要是能向惠能大師請教就好了！」坐而言不如起而行，何況大師已經允諾再次見面時要收自己為徒弟，是時候該去拜師了！於是他再度遠赴曹溪。

能再次見到張行昌，惠能很是高興，一見面惠能便說：「這些日子我很惦記你啊，怎麼會隔這麼久才來找我呢？」

張行昌說：「昔日承蒙大師寬恕我的罪過；如今我雖然出家苦行，但始終無法回報您的恩德；我想，只有弘揚佛法、度化眾生才能報答了！我常讀《涅槃經》，卻不曉得經中的『無常』之義，在此乞求您慈悲為懷，為我解說。」

惠能說：「無常者，即佛性也；有常者，即一切善惡諸法分別心。」

張行昌聽了不解，驚問道：「您所說的，和經文的意思大相違背啊！」

惠能說：「我傳授的，是以心印心的佛法，怎麼敢違背佛經的意思呢？」

張行昌說道：「佛經說佛性是『常』，您卻說佛性無常；佛經也說善惡諸法乃至於菩提心，都是『無常』，你卻說這些是『常』。你所言不但與佛經相違背，我也更加疑惑了。」

惠能說：「我以前曾聽無盡藏尼誦讀過一次《涅槃經》，當時便為她講解經文意思，我的解說沒有一字一句不合於經文；現在為你解說，也不會有兩樣的講法。」

張行昌問到：「學生我識量淺薄，還望師父仔細開示解說。」

惠能說：「你知道嗎？其實重點不在於堅持『無常』或『常』的其中一端，形成無常和常的相對；而是要泯除相對，知道我們在說無常和常時，是處於什麼語言脈絡下討論。

「先以『常』而言，佛性如果是常住而固定不變的，則眾生的本性一開始是怎樣就一直是怎樣，永遠不會變動，對其說法也無濟於事；若是如此，那為何還要再為眾生說什麼善惡諸法？因為，再怎麼說眾生也不會改變。為什麼歷經無數劫以來，沒有一個人發菩提心呢？因為，當我們認定佛性是固定而不變時，發菩提心也沒有任何用處。所以，我說佛性無常，這正是佛祖說的『真常之道』啊！

「接著，從『無常』而言，如果認定一切諸法都是無常，沒有根本而一貫的道理，則物物皆有自性（不變的本質）。眾生依據各自認定的本質行事，又各自承受生死輪迴，與他人毫不相關，『真常』的佛性不能彰顯；如此一來，真常之性就不能遍布世間。所以，我說的『常』，正是佛祖說的『無常之義』啊！

「佛祖當年看到凡夫、外道等執著於邪見，而修習聲聞乘、緣覺乘的人又執常為無常，共成了「八倒」——八種錯誤見解。正因為如此，所以佛祖在《涅槃經》中要破除這些偏見，而明確闡說真常、真樂、真我、以及真淨。你如今被經文拘泥，死板地用斷滅無常、確定死常等見解錯誤來理解佛祖圓融精妙的開示；就算你把《涅槃經》讀上一千遍，那又有什麼助益呢？」

張行昌忽然大悟，說出一首詩偈請惠能印證：

因守無常心，佛說有常性；不知方便者，猶春池拾礫。

我今不施功，佛性而眼前；非師相授與，我亦無所得。

這首詩偈不僅扼要地道出惠能說法的核心觀念，更表明自己對惠能的崇敬拜服之心。在惠能開示下，使張行昌向佛性跨越了一大步。

惠能說：「如今你徹底了悟佛法了，可以改名為『志徹』。」從此張行昌便以志徹之名，跟隨惠能習法，日後成為惠能十大弟子之一。

對於此段故事，吾人可以張行昌前後之轉變，而誌之曰：「行昌欲刺佛血，志徹惠向佛性」。

八倒

指的是八種顛倒的見解，凡夫及小乘行者各有四倒——

凡夫的四倒為：不明瞭生死的無常、無樂、無我、無淨，反而執著短暫的色身為「常、樂、我、淨」。

聲聞、緣覺二乘人的四倒則為：不明涅槃的常、樂、我、淨，執著於色身的無常、無樂、無我、無淨。合稱即為「八倒」。

大乘涅槃「四德」所謂的「常、樂、我、淨」，則是真常、真樂、真我、真淨——

真常：涅槃之體，恆常不變，沒有生滅。

真樂：涅槃之體，永遠寂滅、安閒、受用、沒有絲毫的煩惱。

真我：涅槃之體，得大自在，沒有絲毫的束縛。

真淨：涅槃之體，解脫一切的垢染，非常清淨。

第八章　隨境說法、直指人心

心迷《法華》轉，心悟轉《法華》；誦經久不明，與義作讎家。
無念念即正，有念念成邪；有無俱不計，常御白牛車。

惠能門下弟子眾多，他的教化是採用隨境說法、因材施教的方式。弟子的根器不同，心中的疑惑及看待問題的角度自然迥異；師徒間精彩的機緣問答，展現惠能隨時、隨地、隨緣說法的特色，在輕鬆自然的過程中啟迪門徒，傳達妙理。以下記述為惠能指點其十一個弟子的行誼。

一言即頓悟：曹溪法海

惠能的大弟子法海是韶州曲江（今廣東省韶關市曲江區）人，生卒年不詳。

他是《壇經》的編輯整理者；《壇經》收錄了惠能的語錄和生平事蹟，是中國佛教第一部被稱為「經」的本土典籍。

法海初次和惠能見面是在大梵寺，當時惠能應韋刺史的邀約，前往韶州城內的大梵寺講經，法海也在其中聆聽。初次參禮時，法海便向大師請教：「弟子對於『即心即佛』這句話難以理解，請師父慈悲開示。」

惠能回答他：「前念不生即心，後念不滅即佛；成一切相即心，離一切相即佛。」意思是說，前面的念頭已經過去，不可再留戀執著使之再生；後面的正念不滅，使之持續增長，這就是「佛」；一切物相都是心所造就的，能離一切世間萬相讓本心清淨，這也是「佛」。

惠能接著說：「如果我一個個具體地說，那就無窮無盡、永遠也說不完啦！來，我送一首詩偈給你：

即心名慧，即佛乃定；定慧等持，意中清淨。

悟此法門，由汝習性；用本無生，雙修是正。

惠能在此偈中採用了互文見義的修辭，前二句可讀為「即心即佛，即慧乃定」；依據前述的「前念不生」與「後念不滅」，如此修習則可開發智慧，進入禪定狀態，兩者兼具。智慧與禪定同修並進之後，依據法海的自性而精進，當可有長足的進步。

法海資質極佳，經過惠能簡單幾句點撥，聽了之後立即大悟！他也回作一首詩偈讚道：

即心元是佛，不悟而自屈；
我知定慧因，雙修離諸物。

法海理解到，「即心即佛」就是要由此心去悟得真如本性，定、慧就是修行的方法。

心迷《法華》轉：洪州法達

有位名為法達的僧人原是洪州豐城（今江西省豐城市）人；他七歲時出家，專念《法華經》，終日自信滿滿。

某天，他來到曹溪。他認為自己長期持誦《法華經》不輟，以此功德為傲。初次禮拜惠能時頭不著地，心有傲慢。看到這情況，惠能便斥責：「說要來叩頭行禮，頭還不著地，還不如不要來禮拜！你平日是學些什麼，讓你這麼自負呢？」

法達臉上藏不住傲氣地回答：「弟子已經誦讀《法華經》三千多遍了！」惠能說：「你要是已將《法華經》讀上一萬遍，徹底領略經文的意思，並且不因此產生傲慢自滿的心，我們還可以一起修習佛法；你現在只不過將《法華經》讀了三千遍就傲慢自負，完全不知道自己的罪過！且聽我這首偈：

禮本折慢幢，頭奚不至地？
有我罪即生，亡功福無比。

由此可以看到惠能對法達的批評十分嚴厲。這並不是因為惠能自以為了不起，便計較弟子禮儀怠慢；而是因為，「禮」這件事本身的作用，是為了要消除狂妄、我慢；從法達頭不著地的行為中，惠能看到他的自大和我慢。讀三千遍《法華經》本是好事，卻成為法達心中的執著自滿，所以說「有我罪即生」。誦經、奉佛等行為對於佛教而言，都是功德；然而，只有忘卻所立功德，才會有所謂的「福報」。

惠能接著說：「你的名字叫做法達，但從你的行為來看，你又何曾通達佛法？」接著又做一首詩偈：

汝今名法達，勤誦未休歇；空誦但循聲，明心號菩薩。
汝今有緣故，吾今為汝說；但信佛無言，蓮花從口發。

這即是要告訴法達，通達佛法並不在於勤念佛經而已，而是要將佛經的義理內化到自己的心性之中；如此一來，說出的話才能如佛陀般，並不只是語言文字而已，而是如蓮花般聖潔的妙理。

聽到這首偈頌，法達十分懺悔地說：「從今往後，不論何時何地，我對待一切人、事、物都會謙恭！師父，其實，弟子誦讀《法華經》時，並沒有真正了解經文中精妙之義，心中常常充滿疑問；您的智慧廣大，希望您為我略為說明經中的義理。」

惠能說：「法達啊！其實佛法的義理都是平易近人、通達無礙的，這是因為你的心無法通達啊！才會無法領悟。佛經本身是圓融無疑的，都是因為你的心充滿疑惑罷了！你在念《法華經》的時候，知道它的宗旨是什麼嗎？」

法達說：「不瞞師父您，弟子資質駑鈍，從來都只是照著經文上面的字句逐字逐句誦念，我怎麼會知道它的宗旨呢？」

惠能說：「我不識文字，你把《法華經》取來誦讀一遍，我為你解說吧！」

於是法達高聲朗誦《法華經》給惠能聽。

讀到《譬喻品》的時候，惠能讓他停下來，告訴他：「這部經的宗旨是以佛陀出世的因緣為宗，經文上的種種譬喻，都是圍繞這個宗旨而談，沒有超出這個範圍。什麼因緣呢？《法華經》說：『諸佛世尊，唯以一大事因緣故出現於世。』這一大事，就是佛的智慧。

「世人受到外在事物、現象的迷惑，內心著空。如果可以接觸外在現象又離於相，看到空，也不執著於空，這就是內外不迷。如果能了悟這道理，就會在一念之間豁然開悟，這就是開啟佛的智慧。

「所謂佛，就是『覺』的意思。覺悟的過程有四個次第：『開覺知見』、『示覺知見』、『悟覺知見』，以及『入覺知見』。若是聽到開導就能當下體悟並深入到『覺』的智慧之中，這就是得證佛的智慧，也就是你自己本來的佛性得以顯現。」

由此可以看出，惠能強調當下開悟，用頓悟法門與佛法契入來引導法達解說。

法華七喻

《法華經．方便品》云：「佛所得法，甚深難解，有所言說，意趣難知。」所以經文中以大量譬喻來闡明佛理。《法華經》裡有七種著名的譬喻——

一、火宅喻：出自〈譬喻品〉；二、窮子喻：出自〈信解品〉；三、藥草喻：出自〈藥草品〉；四、化城喻：出自〈化城喻品〉；五、衣珠喻：出自〈五百弟子受記品〉，又作繫珠喻；六、髻珠喻：出自〈安樂行品〉。又作頂珠喻；七、醫子喻：出自〈如來壽量品〉。

「開、示、悟、入」四次第

要獲得佛的智慧，其次第為一開、二示、三悟、四入——

「開」：開發，破除無明，開如來藏，見實相之理。

「示」：顯示，讓佛的知見顯示分明。

「悟」：證悟，排除惑障後，對於佛法融通而有所悟。

「入」：證入，無明斷盡，自在無礙，證入智慧海。

惠能認為「信佛知見者，只在自心，更無別佛」。

惠能特別告誡法達，對於佛經不可錯誤理解：「你千萬不能錯解經意，看到其他人說開示悟入，就認為是佛陀的智慧，和我輩沒有關係。如果做這樣的解釋，那就是謗經毀佛了！佛陀既然已經成佛，已經具備知見，哪裡還需要再開導呢？你現在應當相信，所謂佛的智慧沒有內外的相對之分，就在你自已的心中，除此之外就沒有什麼別的佛了！

「如果有誤解，是因為芸芸眾生自己遮蔽了光明的本性，貪戀世俗的種種境相，執著於外在，內在也不得安寧，心甘情願地受煩惱驅馳。所以只好有勞佛陀世尊，從三昧禪定中開始，種種苦口婆心勸諭世人的教誨，使人停止向外追求。世人若能了悟這道理，便與佛無二致，開始認識了佛法，所以叫做『開佛知見』，與上述的『開覺知見』相較，即知對於佛法與覺悟的次第，其實都是一樣的。」

透過告誡法達，惠能進一步規勸所有人，要透過對於本心的觀照，洞見佛法的智慧。

惠能又道：「世間之人因為心念不正，愚昧無知犯了許多罪過，嘴裡說著善，心中卻存著惡念、貪瞋、嫉妒，逢迎諂媚、高傲自負，造成許多損人害物的行為，這是因為自己用凡夫的知見在對待事物的緣故。若能夠淨意正心，常生智慧，時時觀照自心，止惡行善，便是自己開了佛的知見。

「法達啊！你應當念念開啟佛的知見，不要開啟凡夫知見；『開佛知見，即是出世；開眾生知見，即是世間』。如果你只是執著於辛勞地誦念經文，把這種行為就當作是學佛的功課了，這樣和犛牛愛尾又有什麼不同呢？」

惠能所說的「犛牛愛尾」，即是《法華經》所載：「深著於五欲，如犛牛愛尾，以貪愛自蔽，盲瞑無所見。」《佛說解憂經》中也說到：「若人生貪愛，孰知貪火燒，如彼犛牛身，愛尾遭人殺。」

據說，犛牛是一種非常愛惜自己尾巴的動物，又被稱為「愛尾牛」。獵人們為了捕捉牠，會設法讓犛牛的尾巴捆掛在荊棘之中慢慢纏繞；犛牛怕尾巴受傷便會停在原處，獵人便趁機尾隨，將牠擒住。

惠能藉由「犛牛愛尾」的譬喻，來點出法達執著於誦經的行為，就如同一個人深深地貪戀於五欲的享樂，是一種充滿執著的表現，會導致自我的障蔽，最終被這種執著及貪愛吞噬，宛如喪失了寶貴的生命。

聽到師父這樣說，法達接著問：「這樣說來，如果理解了經文裡的意思，那是不是就不用再誦讀經文了？」

惠能告訴他：「你這樣又是錯解了[illegible]經和開悟成為了兩種相對的行為。試問，經文本身有什麼過錯？又怎麼會因[illegible]礙你開悟呢？誦讀經文，或迷或悟，全都是因人而異，損益由己。『口誦心行，[illegible]經；口誦心不行，即是被經轉』。讓我給你念一首詩偈吧：

心迷《法華》轉，心悟轉《法華》；誦經久不明，與義作讎家。

無念念即正，有念念成邪；有無俱不計，常御白牛車。

此偈的意思為：誦經的時候若能直指本心，不被世俗的雜念干擾，也就不會為文字所轉，不論有、無都不執著，便能駕馭佛法。

聽了這首偈，法達不禁悲泣了起來，當下大悟。他告訴惠能：「我長久以來誦經，確實是未曾真正理解《法華經》的經意，而是被經文文字所轉，我的誦讀都是徒勞的。」

他接著向惠能請教：「經文中說，一切羅漢、大聲聞乃至於菩薩[illegible]使盡思竭慮、共同度量，仍不能測度佛的廣大智慧。如今，照師父您開示[illegible]就算是凡夫只要開悟自心，就是佛之知見；我自己根器愚鈍，有所疑惑不解，經書上說有羊車、鹿車、牛車，這三車與大白牛車如何區別呢？再請師父為[illegible]開示。」

惠能說：「經典的意思很明白，是你自己疑惑不解罷了！聲聞、緣覺和菩薩這三類人，沒有辦法度量出佛的智慧，問題正在於他們有分別心，試圖要去測量佛智；任憑他們怎麼竭盡精力思慮去推測，反而更覺得佛智高深莫測。『佛本為凡夫說，不為佛說』，如果不相信這個道理的人，那就退席離開吧！這種人不知道自己已經坐在大乘白牛車上了，卻還要到門外去找羊車、鹿車、牛車！更何況，經文中明明白白地說，只有一種佛法，沒有其他什麼的佛道；那些無數種權宜、方便說法，以及不同的因緣契機、譬喻言詞，都只是為了啟發眾生得到解脫而應機所宣說的佛法。你怎麼還不能領悟呢？

「『三車』是假借之詞，是為了過去方便說法；『一佛乘』才是真實的，足以讓今人頓悟成佛。佛經這樣說，是為了讓你超越假借後回到真實；回到真實的教法之後，真如的佛性也無可名狀，所以『實亦無名』。你應當要知道，所有的自性珍寶都是屬於你自己的，任由你受用；不要想成珍寶是父親的，也不要有珍寶是兒子的、給兒子任意享用（更不作父想，亦不作子想）等等這些想法，不要再認為自性珍寶是別人的財產，這樣才是掌握了《法華經》。若能如此，便如同從前劫到後劫的長遠時光裡，都對經典手不釋卷，像是從日日夜夜、無時無刻都在誦讀《法華經》一般。」

更不作父想，亦不作子想

在《法華經．譬喻品》中的「火宅之喻」中，佛陀講述了一個故事：一位老者家中失火，屋中只有一道門可以出逃；自己逃離火宅後，卻看到孩子及僕童們仍呆在屋中玩耍，不肯出門。為了吸引他們的目光，長者乃設方便，順應他們的喜好（根器）不同，說屋外有羊車、鹿車、牛車等玩具珍寶，誘引他們脫離險境；待他們逃出後，最後各給孩子們一人一輛裝滿寶物的大白牛車。

火宅喻中的「火宅」，用以比喻眾生身處熾燃著煩惱火焰的輪迴世界，為習氣和八苦所逼卻不自知；「長者」用以比喻佛陀，「僕童諸子」比喻眾生。「大白牛車」比喻佛法。然而，經文中的這些譬喻也都是權巧施設，所以惠能告訴法達，並不是要把佛陀當作慈父想，也不把自身當作諸子想，種種方便都是為了引導眾生踏上成佛之道。

至於火宅喻中的「三車」，則比喻三乘的修行者——

一、羊車：以羊引車，像羊兒一樣奔跑，不回頭看顧其他羊群。藉此比喻聲聞乘修行者，其修四諦（苦諦、集諦、滅諦、道諦）行以求出離三界，不顧他人、只求自度。

二、鹿車：以鹿挽車，如鹿一般疾馳，會回頭看顧其他後群。藉此比喻緣覺（獨覺）乘之人，其修十二因緣（一無明、二行、三識、四名色、五六入、六觸、七受、八愛、九取、十有、十一生、十二老死）以求出離三界，稍微有為他之心。

三、牛車：以牛拉車，如牛隻可負重前行，安忍普運一切。藉此比喻修行三藏教（經藏、律藏、論藏）的菩薩乘行者，其修六度行（一布施、二持戒、三忍辱、四精進、五禪定、六智慧也），欲度人出三界。

最後的「大白牛車」，則分為「三車」、「四車」兩種說法。其一為將比喻菩薩的牛車，與比喻佛乘的大白車視為同一者，如法相宗、三論宗，如此則為「三車」；另一派則認為大白牛車乃用以比喻一佛乘，如華嚴宗、天台宗，如此則為「四車」。

法達向惠能請教時，不明白為何在三車之外還要另立白牛車。惠能直接點出，三車譬喻都是假托之詞；《法華經》佛先用三車（三乘法）來引導三乘根器之人，使其出離三界；之後再以象徵一佛乘的大白牛車挽車，共成佛道。由此可見，惠能應是偏向「四車」說。

惠能點出，以各種車子為喻的說法，是為了還在生死輪迴煩惱中未解脫的芸芸眾生而說的，並不是講給已經覺悟的人聽的；這乃是為了，在眾生未能解脫之時，為了方便說法，讓眾生依據自己的根器，選擇適合的法門而修行。然而，無論如何修行，目標都要朝向佛道；一旦解脫了，找回自性了，就超越了各種車乘之道，也可以說不再有各種道路的區別，自始至終都只是一條佛道而已。法達讀誦《法華經》也是如此；通徹了解經中道理之後，無論如何研讀，都有助於修行佛道。此時再回過頭去看經典的文字，經文的意義都是彰顯佛性的資糧，只是為了傳達佛心及悟入的境界，才勉強運用文字加以解說。

法達得到啟發之後，充滿讚歎，歡喜不已，於是作了一首詩偈贊頌：

經誦三千部，曹溪一句亡；未明出世旨，寧歇累生狂？

羊鹿牛權設，初中後善揚；誰知火宅內，元是法中王。

此偈也足見法達體悟之深入與迅速，扼要地將惠能所說的要點轉化為淺顯的詩句，聽聞者莫不稱道。惠能見法達開悟，於是說道：「從今往後，你才配稱之為念經僧。」而法達領悟佛法之旨後，也不中斷誦讀經典，並常以自己的學習經歷與後人分享；每次分享，對於惠能與其教法之高明，便又更崇敬一分。

法達對於《法華經》的理解，透過惠能的教導而更加深入；同時也警醒著世人，經典如何運用，在於自己學習之後，如何觀照自心與實踐。面對曾經助成自己學習的經驗，如能不斷反芻轉化，即使讀過千遍萬遍的書籍，反覆做過千次萬次的動作，日夜望著芸芸眾生，也都能看出不同的意蘊，使修為在無形中增長。

身智融無礙，應物任隨形：壽州智通

僧人智通是壽州安豐（今安徽省淮南市）人。他剛開始看《楞伽經》約千餘遍，卻對於「三身、四智」的道理不能領會；於是他前往禮拜惠能，並向大師請教經文中的妙義。

惠能回答：「『三身』指的就是——『清淨法身』，這是你本來就有的佛性；『圓滿報身』，這是你本自具足的般若智慧；『千百億化身』，這就是你的修行實踐。如果離開本性另外解說三身，那就叫做『有身無智』，如果能悟得三身沒有獨立的自性，便是『四智菩提』。聽聽我這首偈：

自性具三身，發明成四智；不離見聞緣，超然登佛地。

吾今為汝說，諦信永無迷；莫學馳求者，終日說菩提。

透過詩偈，惠能點出，「三身」是每個人自性本具；了解這道理，就能明白四智。不必屏除世間外在的種種因緣，也能頓悟超脫、直登佛地。惠能告訴智通對於佛法要有信心並且永誌不迷，不可如凡夫那般只是終日口說菩提，卻沒有真正的了解、實行。

智通接著問：「能否請大師再為我講解『四智』的涵義？」

惠能說：「既然你已經領會了三身，就應當同時明白四智了，哪裡有需要再問呢？如果只是離開三身另外談四智，那便是『有智無身』；即使有智，也等於無智啊！」惠能認為，脫離三身自性，四智便成了空談。他因此又說了一道頌偈給智通：

大圓鏡智性清淨，平等性智心無病；妙觀察智見非功，成所作智同圓鏡。

五八六七果因轉，但用名言無實性；若於轉處不留情，繁興永處那伽定。

偈文從佛的「大圓鏡智」、「平等性智」、「妙觀察智」與「成所作智」等「四智」來說明，其為自性的表現。「那伽（nāga）」意譯為龍、象；「那伽定」即指如龍象般有力之大定。

智通聽聞之後，當下了悟本性的般若智慧，也呈送一首偈頌給惠能：

三身元我體，四智本心明；身智融無礙，應物任隨形。
起修皆妄動，守住匪真精；妙旨因師曉，終亡染汙名。

透過惠能點出關鍵，人的真心本來就是清淨的，不必刻意去守心，因為那並非是禪宗的教法。智通由此明白了三身是自己的本體，而本心受到啟發後圓融無礙。

智通的問題雖小，但精勤學習，毅力驚人；藉由向惠能求教「四智」的意義，引發後人對於智性內容的學習與重視。

因其法號與智慧的通達密切相關，吾人對其事蹟，以詩誌之云：「通智起於鈍，讀經千有餘；三身問開顯，四智答悟機。」

自性覺源體，隨照枉遷流：信州智常

僧人智常是信州貴溪（今江西省貴溪縣）人。他年紀很小的時候就出家了，一直立志要悟見自身的佛性。

有一天，他前往禮拜惠能，大師問他：「你從何處而來？到這裡所求何事呢？」

智常說：「學生我最近去了洪州白峰山見了大通和尚（即神秀），有幸受到大通法師為我講解了『見性成佛』的義理，不過我心中還是有些疑惑懸而未解，希望大師您慈悲為懷，替我開示。」

惠能問：「大通和尚傳授些什麼義理給你呢？你試著舉幾個例子讓我聽看看。」

智常將來龍去脈娓娓道來：「我到了大通和尚那裡之後，大概經過三個多月了，都還沒有受到和尚的教誨。因為求法心切，所以有一天晚上我到他的居室裡請教他：『究竟什麼是我智常的本心本性呢？』大通和尚先是反問我：『你見過虛空了嗎？』我回答：『見過了。』他又說：『你是否見過虛空有相貌呢？』我回答：『虛空是無形的，有什麼相貌呢？』大通和尚於是說：『你的本性，正如同虛空般，了無一物可見，這就是正見；無一物可知，這就叫做真知。虛空中沒有什麼青黃之色，也沒有長短之分，但可以見到自性的本源清淨，覺悟的本體圓融通明，這就叫做見性成佛，也稱為如來知見。』我雖然聽到大通和尚這樣解說，但心裡還是沒有完全明白，希望大師您能為我開示。」

惠能說：「大通和尚所說的，還是存在眾生知見，終是不夠究竟的。今日我傳授給你一首詩偈：

不見一法存無見，大似浮雲遮日面；不知一法守空知，還如太虛生閃電。

此之知見瞥然興，錯認何曾解方便？汝當一念自知非，自己靈光常顯現。

這首偈雖是淺顯口語，卻是直指大通和尚解法的境界與問題所在。因為，大通和尚既然是要解「無一物（法）可見」、「無一物（法）可知」的義理，卻教智常知道、見到虛空這一物，雖美其名是將虛空作為比喻，但總是將虛空視為對象去知見，這並不是真正的如見虛空般無所見，而是形成了知見到虛空的虛無知見。

原本的虛空應該是本身就無一物，包括個人的知見也不能介入其中。如今，大通和尚這麼教導智常，就像是虛空之中突如其來的一道閃電；雖是短暫而明亮，卻干擾了虛空本來的清淨。人們的知見也是如此，一旦起了有知有見的念頭，即會將知見引導到對象上去，這明顯地是誤解了知見，怎麼還會是有助於認識佛法的方法呢？惠能最後要智常了解到先前的錯誤想法，待心中的靈光湧現，即可通曉更深一層的道理。

智常聽到詩偈後，心中豁然開朗，於是也做了一首偈誦自述體悟的道理，並且回應惠能的教導：

無端起知見，著相求菩提；情存一念悟，寧越昔時迷。
自性覺源體，隨照枉遷流；不入祖師室，茫然趣兩頭。

從智常回應的偈可以看到，智常從大通和尚的居室請益後仍狐疑；直到向惠能求教後，對於佛法的了解才有了更明晰的領悟。過去的他為求菩提而求教於大通和尚，卻無端落入空、無等知見，隨波逐流地跟著世俗的見解，未能透達佛法的根本；如果沒來向惠能請益，只怕這一生都還在執著空寂與虛無的兩端，茫茫然而無收穫。惠能使他明白這一念覺悟，便可以走出往昔的迷惑。

又有一天，智常問惠能說：「佛說成佛的方法有聲聞乘、緣覺乘以及菩薩乘這三乘法，又說還有最上乘的佛法。弟子我不明白意思，希望您為我解惑。」

惠能說：「你要觀照你自己的本心，不要執著於外在的表象。佛法本來沒有所謂四乘的區別，只是因為人心對於佛法的理解和領悟有等差：見聞轉誦是小乘，悟法解義是中乘，依法修行是大乘；能夠萬法貫通、萬事通達，一切都不受染著，超越各種法相而無所得，這就是最上乘的佛法。『乘』的本意是車乘，引申為道路的意思，便是要引導人們走上修行的道路，重點不在於口頭上對於孰高孰低的爭辯。接下來你需要自己多加修持，不用再多問我了，只要掌握一個要點：在任何時候，真如自性乃是內存於你的本性中。」

惠能鼓勵智常要從修行實踐中去體悟自性真如，契入心性，從本性中顯發真理，不要再因為語言上的表達而割裂佛法圓融的本意，不斷追逐在語言的解釋上。

聽到師父這樣說，智常衷心感激，從此悉心侍奉，直到惠能大師離世。

開示涅槃真樂：廣州志道

僧人志道是廣州南海人。他來到曹溪向惠能大師請教：「學生我自從出家至今，讀《涅槃經》已經十多年了，還是不明白經文中的要義，希望和尚給我教誨。」惠能問：「你是哪些地方不明白呢？」

志道說：「《涅槃經》說：『諸行無常，是生滅法；生滅滅已，寂滅為樂』，我對這幾句話有疑惑。」

惠能又問：「你為什麼會產生疑惑呢？」

志道回答：「一切眾生皆有二身，即『色身』和『法身』。『色身』是無常的，有生有滅；法身則是恆常存在的，沒有意識也沒有感覺。《涅槃經》說：『生滅滅已，寂滅為樂』的，不知道講的是哪個身寂滅以及受樂？如果說的是色身受樂，當血肉之軀滅亡的時候，會分解為地、水、火、風，全然都是痛苦，怎麼會說是樂呢？如果說的是法身受樂，但法身無知無覺，又怎麼會受樂呢？

「而且，法性是生滅變化的本體，色、受、想、行、識這五蘊是生滅變化的具體表現；法性構成了一個人的五蘊，五蘊聚合為人的身體，相當於五種作用的表現；人身處於這個世間，就需經歷出生與死亡的常態變化。出生時就像是法性本體起了作用，滅亡實則是將原本散發的作用收攝聚攏，回歸於法性本體。若是聽任輪迴再生，那便是有情眾生，不斷在生死之中循環；若是不再投胎出生，那就會永遠歸於寂滅，和草木瓦石那種無情之物一樣。若是如此，一切諸法都被無生無死的涅槃給禁絕降伏了，再生也不會出現了，那又有什麼可以稱作樂的呢？」

惠能指點出他的錯誤：「你是佛門子弟，怎麼會去相信一些佛門外道的邪見，用來議論最上乘的佛法呢？根據你剛剛說的，認為在色身之外還有法身，所以要離開色身的生滅求法身的寂滅。你又推論，『涅槃常樂』乃是有一個可以享受極樂的身相，這實在是執著於生死、耽戀世俗快樂的觀點啊！

「你要知道，眾生把五蘊和合認為是自體的實相，把世間一切外在景象錯誤地區分生死異滅，並好生惡死，時時刻刻充滿欲念，不知道這些都是如夢幻般虛假，生生世世枉受輪迴之苦；將常樂的涅槃看作是苦，反而整天奔波追求世間的快樂。佛陀因為憐憫這些迷妄無知的人，才顯示涅槃境界的安樂；那是剎那間沒有生的現象，剎那間也沒有滅的現象，更沒有生滅可以消除，在這個時候就是寂滅的顯現。當寂滅顯現時，沒有具體的跡象或形態，沒有辦法進行度量，這才叫做『涅槃常樂』。

「這種極樂既沒有受者，也沒有不受者，因為涅槃境界是在本性中的顯現，是修行到一定成果所展現的狀態，不是相對的苦樂表現，也不是外在我們本性而可追求的對象。照這樣說，哪還有什麼你所說的『一體五用』的名稱呢？更談不上什麼涅槃禁絕降伏諸法，使他們了無生機而不能再生，這些都是謗佛毀法的謬論！且聽我的詩偈：

無上大涅槃，圓明常寂照；凡愚謂之死，外道執為斷。
諸求二乘人，目以為無作；盡屬情所計，六十二見本。
妄立虛假名，何為真實義？惟有過量人，通達無取捨。

以知五蘊法，及以蘊中我，外現眾色像，一一音聲相；
平等如夢幻，不起凡聖見，不做涅槃解，二邊三際斷。
常應諸根用，而不起用想；分別一切法，不起分別想。
劫火燒海底，風鼓山相擊；真常寂滅樂，涅槃相如是！
吾今強言說，令汝捨邪見；汝勿隨言解，許汝知少分。

經由這首偈的總結，惠能就世人對涅槃的誤解予以釐清。他指出，凡夫以為死後見涅槃、外道以為空無所有就是涅槃，皆是不當的見解。我們應知，佛陀善於使用方便施設的教法，針對不同根器的人，以他們最能接受的語言教導他們，所以有時用快樂形容涅槃，有時以五蘊、六根、分別一切法解說世間的道理，讓世人多少了解部分的佛法，再慢慢契入根本及了義的觀念。

如今，志道既然已有佛法的基礎，就不應再拆解涅槃的內容，斟酌在語言所說的表層意義，將涅槃看成外在對象，而應直接認識到涅槃與個人生命之間是不能分別割裂的，整個就是自己修行境界的朗現。

志道聽了偈語後，當下大悟，歡喜踴躍，對惠能作禮答謝。

聖諦亦不為：青原行思

行思禪師（西元六七一至七四〇年）生於吉州安城（今江西省吉安市），俗姓劉，生卒年不詳，相傳他是漢朝長沙王的後代。

由於他小時候長過頭癬，小名被稱為劉癲痢。劉癲痢天資聰穎，對事情的預測十分神準，被認為有未卜先知的能力，於是村人給他起了「劉半仙」的美稱。

行思年幼出家，個性沉靜不多話；每當大家群居論道時，他總是在一旁安靜聆聽，不特別參與議論。隨著年紀漸長，聽聞惠能大師在曹溪教化一方，法筵興盛，於是前來參禮。

初見惠能時，行思向大師請教：「應當要做什麼樣的修行，才可以不經過漸修的階位，直接頓悟成佛呢？」

惠能問他：「行思，你曾修習過哪些佛法呢？」

「證成佛道的諸聖諦（修行法門）我都沒有修習過。（聖諦亦不為。）」行思回答。

惠能又問：「那你目前修行佛法到了哪一個階次了呢？」

行思回答：「我連諸聖諦都沒有修過，哪有什麼階級層次可言呢？（聖諦尚不為，何階級之有？）」

行思說自己「聖諦亦不為」，並不是說不需要修行；他真正的意思是「不為俗諦，亦不為聖諦」，也就是修行不在於區分聖俗之別；如能直指本性，泯除相對的差異，立刻就能頓悟。

與行思應答後，惠能非常器重行思，讓他位居眾弟子之首。惠能認為，行思遠離了分別知見上的高低位階，領悟了佛性的本來面目，泯除了俗聖分別，即能契入佛心，於是對他委予重任，要行思獨自分化一方，使頓教法門「無令斷絕」。

而行思得法後，回到吉州青原山，在淨居寺開法化眾，門下人才濟濟。當他圓寂後，唐僖宗追贈謚號「弘濟禪師」。

惠能與行思的對話雖短，卻相當扼要與精煉；亦由此可知，學習佛法不在於長篇大論，而在於先悟得根本之處。關於這段應答，吾人以詩誌之曰：「行思見惠能，聖俗兩不分；以為漸得修，實亦超頓林。無為俗諦解，聖諦亦無為。遠離惠能去，行思在禪路。」

修證即不無，汙染即不得：南嶽懷讓

懷讓禪師（西元六七七至七四四年），是金州安康（今陝西省安康市）杜氏之子。

他十歲便喜愛讀佛經。有位玄靜法師某天路過他家，見他聰明有慧根，於是告訴懷讓的父母：「這孩子若是出家，必定能夠廣度眾生。」

在玄靜的引導下，懷讓十五歲在荊州玉泉寺弘景律師座下出家。後來拜謁了嵩山安國師（慧安禪師，又稱道安、老安），在慧安的指點下前往曹溪參禮惠能。

懷讓面見惠能後頂禮參拜，惠能問他：「你從什麼地方來的啊？」

「從嵩山來的。」懷讓說。

「你之前在嵩山的修行有什麼領悟嗎？（所得何物？）」惠能問。

懷讓答：「我內心領悟到的佛性難以比擬、不可言說，說得到的是怎樣的事物都是不對的啊！（說似一物即不中！）」

惠能大師又問：「那還需不需要修持參證呢？」

懷讓回答：「修證即不無，汙染即不得。」

此句可理解為，如果時刻起著修證的念頭，就不是真正的無物可得（不無），這樣即有汙染，不能得證佛性。另一意思為，雖然有所修證，但此心本自清淨無染，亦即「何處惹塵埃」。

惠能欣然地說道：「只有這個不被汙染的心，才是諸佛所要護念的；你的領悟是如此，我亦如是。西天般若多羅尊者曾經有預言說，你門下將出現一匹駿馬，超越天下人（汝足下出一馬駒，踏殺天下人）。這話你只要牢牢記在心中，不需要說出去。」

師徒以心印心，懷讓豁然契會。他一直在惠能身邊侍奉左右共十五年，後來移居南嶽衡山闡揚禪宗。圓寂後，唐敬宗寶曆年間追贈謚號「大慧禪師」。

慧安禪師

慧安禪師據傳生於隋文帝開皇元年（西元五八一），年壽約近一百三十歲。荊州枝江人，俗姓衛，隋文帝期間遁入山谷私度（未經政府官許，私下剃度為僧）。隋煬帝大業年間開通運河，勞役和沉重賦稅造成人民苦不堪言、遍地饑饉；慧安四處化緣，乞食相救。後至南嶽衡山，行頭陀行（日中一食、樹下一宿、但三衣，或者塚間坐，或者露地坐……）。

唐朝貞觀年間，他到黃梅拜見五祖弘忍，遂得心印；由於年紀比自己老師大很多，所以又稱「老安」。慧安後來遍歷名川，到了嵩山少林寺，說：「是吾終焉之地。」此後求道參學者絡繹不絕。唐中宗神龍二年（西元七〇六），朝廷賜紫衣摩納，並迎請入宮。慧安比惠能年長五十多歲，曾向朝廷推薦惠能入京，也多次要弟子前往惠能向學習，懷讓便是受到慧安啟發前往曹溪。其入滅前，亦告訴弟子淨藏從惠能問道。

般若多羅尊者

般若多羅尊者是西天二十七祖，為菩提達摩之師。達摩祖師至中國傳法前，多羅尊者曾經告訴他一些讖語，預言佛法在東土流傳的情形。

如《五燈會元》中所載，祖告達摩曰：「震旦國中無別路，要假兒孫下行；金雞解銜一粒粟，供養十方羅漢僧。」意即，在中國的傳法別無他路，必須靠弟子們廣為傳布；金雞（比喻菩提達摩）銜來一粒米（比喻佛法），卻能供養十方的羅漢。其中，「無別路」可理解為「其道一也」，隱喻了馬祖道一之名；而「腳下行」則預言，日後馬祖道一所傳之法將在天下廣布；「漢州十方縣羅漢寺」是馬祖道一出家的地方，則被認為與「十方羅漢僧」一語相契。

《壇經》中，惠能引多羅尊者讖語告訴懷讓：「汝足下出一馬駒，踏殺天下人。」馬祖道一正是懷讓禪師之法嗣，也應驗了預言之說。

馬祖道一

其所指的應為「馬祖道一」。其生卒年說法有所不同，一說為西元七〇九至七八八年，或為西元六八八至七六三年；俗姓馬，漢州什邡（今四川省什邡縣）人。

據說，他的容貌十分特殊，舌頭比鼻尖還要長，腳下有兩個輪紋，目光像老虎般銳利，行動如同牛隻緩慢穩重，很有大家風範。年少時隨資州（今四川省資中縣）羅漢寺處寂和尚（俗姓唐，又稱唐和尚）出家，後在渝州（今重慶市）受具足戒。

馬祖道一聽聞惠能法嗣懷讓禪師於南嶽傳法，便前往受學；懷讓以「磨磚既不成鏡，坐禪豈得成佛」數語點撥，遂入其門下修行，後得開悟、承繼法流。道一後來到了洪州鍾陵（今江西省南昌市）開元寺弘法，名聞遐邇，四方雲集。

他的思想強調「即心即佛」、「平常心是道」，並且開創了叢林制度，影響漢傳佛教至深。其著名弟子有百丈懷海；百丈禪師進行教規改革，故有「馬祖建叢林，百丈立清規」之稱。

道一的「洪州宗」與青原行思的「石頭宗」並列唐代二大禪宗，後來下開「臨濟宗」與「溈仰宗」。

言下契悟，一宿而去：永嘉玄覺

玄覺禪師（西元六六五至七一二年）俗姓溫，是溫州永嘉（今浙江省溫州市永嘉縣）人。

自幼出家，少年時學習佛教經論，特別精通天台止觀教義，與哥哥宣法師同住溫州龍興寺；後來讀了《維摩詰經》，進而明白心地法門。

惠能門下弟子東陽玄策四方雲遊，行至溫州時，前往參叩玄覺，兩人暢談佛理，十分歡喜。玄策聽了玄覺所談的佛理十分合於禪學祖師們的法要，於是問他：「仁者啊！您是在哪一位大師座下獲得法益的呢？」

玄覺回答：「我聽過多位法師講述佛教典籍，各有師承，後來在《維摩詰經》裡悟得禪宗妙旨；但是，還沒有找到為我印證的人，所以還不知道自己的領悟是否正確。」

玄策說：「威音王佛未出世前，人心未受汙染，佛法可以自證自悟；威音王佛出世後，若是無導師傳授而自通者，那就是天然外道了。」玄覺便對玄策說：「那麼仁者您今日是否願意為我印證呢？」玄策謙虛地說：「我修為尚淺，人微言輕。曹溪有位六祖惠能大師，他在嶺南一帶說法，求學者四方雲集，許多人都在大師那邊受法。若是您願意前往，我可以與您同行。」天台宗玄朗禪師也鼓勵玄覺前去。於是，玄覺便和玄策一起到了曹溪。

一見到惠能，玄覺先在惠能的身邊繞了三圈，振了振錫杖後，站立一旁。惠能見到他這樣便說：「出家人應該遵守三千威儀、八萬細行；大德你是從什麼地方來的，怎麼會如此傲慢自大？」

接下來，便是一場精采又精妙的禪機交鋒。

玄覺說：「實在是因為求證解脫生死的佛道是件大事，而萬物無常生滅變化極為迅速，我顧不上那些禮儀啊！（生死事大，無常迅速。）」

惠能說：「你為什麼不體認直取無生無死的真理呢？何不超越無常，去明了無常是無速無遲的妙義呢？（何不體取無生，了無速乎？）」

惠能給玄覺的建議是，種種無常都是在時間裡呈現，能超越時間也是超越無常相；若能體認本自無生，便不會有快慢遲速的分別。

玄覺說：「生死只是此生變易的表現；若能認識自性，就知道自性常住，無所謂生死可言；就本心自性而言，本來就是清淨的狀態，並沒有證悟明了遲速的分別。（體即不生，了本無速。）」

惠能欣然地說：「正是如此！正是如此！」

受到惠能的印可後，玄覺按照禮儀敬拜惠能，禮畢後便轉身準備告辭。

惠能問：「你才剛到曹溪就馬上要回去，不覺得太快了嗎？（返太速乎？）」

玄覺說：「自性本來就是不動的，哪有什麼快慢呢？（本自非動，豈有速耶？）」

惠能緊接著問：「誰知道本性是不動的呢？（誰知非動？）」

玄覺說：「是大師您自己生起的分別之心。（仁者自生分別。）」

惠能稱許地說：「你很透徹地體認到無生的真意。（汝甚得無生之意。）」

玄覺又問：「既然說『無生』，哪裡還有什麼『真意』啊！（無生豈有意耶？）」

惠能說：「如果沒有真意，又該如何認識與分別呢？（無意誰當分別？）」

玄覺答：「這分別也只是人為方便的區判及定義，並無真實意。（分別亦非意。）」此亦即「能善分別諸法相，於第一義而不動」之意。

惠能說：「善哉！你說得很好！就暫且休息一晚吧！」於是，當天晚上玄覺在曹溪住了一晚。這段對談被廣為流傳，當時的人們稱頌這段機緣為「一宿覺」。

玄策禪師

又稱為智策、神策，是婺州金華（今浙江省金華市）人。他在曹溪事奉惠能大師三十年，大師囑咐其四方教化，所以到處遊方，並鼓勵玄覺、智隍向惠能請教，兩人遂得開悟。

威音王佛

梵名 Bhiṣmagarjitasvararāja，又作寂趣音王佛。他是釋迦牟尼在佛經中宣說最早示現成就無上正等覺的佛陀，又稱為第一位佛、本初佛。禪宗用威音王佛表示遙遠的古代，「威音王佛已前」便是比喻人類本有、未受汙染、純真的精神境界。《祖庭事苑》卷五：「威音王佛以前，蓋明實際理地；威音已後，即佛事門中。」

左溪玄朗

玄朗禪師（西元六七三至七五四年），字慧明、號左溪，俗姓傅。婺州烏傷縣（今浙江義烏）人，一說為浙江東陽（今浙江省東陽市）人，相傳為傅翕（傅大士）第六代曾孫。其九歲出家，二十歲至光州岸律師受具足戒。玄朗是天台宗第八祖，三學兼通，名滿天下，使得天台宗轉為鼎盛，為後來唐代天台宗「湛然中興」打下基礎。

三千威儀、八萬細行

佛門弟子在進、退、坐、作之間都要有威儀。比丘應持守兩百五十戒，再配合行、住、坐、臥四威儀各有兩百五十戒，共為一千戒；循環三世後變成了「三千威儀」，再配以身業之殺生、偷盜、邪婬，口業之兩舌、惡口、妄語、綺語等「身口七支」，三千乘以七，合成二萬一千之數。而意業的貪、瞋、癡三毒，以四種形式（四分）表現：「等分」、「覺觀多」、「散動」、「報散動」。故二萬一千再乘以四，則為八萬四千；八萬四千取其概數，即為八萬。

八萬種行為與意念皆是比丘修行過程須時刻注意的細節，藉此提醒修行者，不可在任何看似細小的行為上有所偏差。

二十年所得，都無影響：智隍得道

禪僧智隍（生卒年及俗姓不詳）最初是參學於五祖弘忍；他認為自己已經得到了真傳，所以離開黃梅來到河朔，二十多年來都在庵中靜坐，隱居修行。

某天，玄策禪師遊歷到黃河以北一帶，在路途中聽聞了智隍禪師的聲名，於是到他的庵堂拜訪。他見到智隍老是不動不起地坐著，於是問他：「您每天在這裡做什麼呢？」智隍回答：「我在參禪、打坐、入定。」

玄策接著問：「既然你說入定，那麼你是有心進入，還是無心進入呢？假若是無心進入，那麼一切無情的草木瓦石，應該都可以入定了；若是有心進入，一切具備情感、意識的眾生也可以入定了！」

智隍解釋道：「我在入定的時候，並不見『有、無』之心。」

玄策說：「既然不見有、無之心，那便表示是一直在禪定境界中，哪還有什麼出定、入定呢？如果有出定、入定，便不是最高境界的真正常在，就不是『大定』了！」經過玄策禪師這一番詢問，讓智隍沉默了許久，過了好一陣子他才問玄策：「您出自哪一位大師門下呢？」

玄策說：「我的師父是曹溪六祖惠能大師。」

智隍接著問：「六祖認為怎麼樣才算是『禪定』呢？」

玄策以偈語道出惠能大師所說的禪定狀態為：

妙湛圓寂，體用如如。
五陰本空，六塵非有；
不出不入，不定不亂。

禪性無住，離住禪寂；

禪性無生，離生禪想。

心如虛空，亦無虛空之量。

其意為：禪定是一種玄妙清澈的狀態，圓滿而寂靜，體用不二無分別，維持一貫相融。當下證知，色、受、想、行、識等五蘊（五陰），以及色、聲、香、味、觸、法等六境（六塵），皆是因緣和合而成，無固定不變本質的實體，所以說是空的。在禪定的狀態下，無所謂出定與入定的相對情形，也不必區分入定或是散亂。真正的禪定無住、無生，不必固著於禪定的寂靜狀態，也不刻意生起入於禪定的意欲。當下的心念雖然如同虛空一般，卻不能以為真有「虛空」的空間而去度量這個虛空有多大、邊界在哪兒。

智隍聽到這番解說後，心生一念，當下決定南下來到曹溪謁見惠能大師。見到惠能的時候，六祖直接問他：「仁者您是從什麼地方來的？」智隍便把遇到玄策的這段機緣向惠能具體述說，惠能於是說道：「確實如你剛剛轉述的那樣，只要能做到讓『心』廣大如虛空，但不執著於虛空，應用時就能自在無礙，不論動、靜都不影響本心，泯除凡夫、聖人的相對分別，本性和物相平等無二，那就是無時無刻都處於禪定之中了！」

聽完惠能的說法後，智隍當下大悟，過去二十多年打坐的修行所得，一下子就消失地無影無蹤，再也不執著於「有所得之心」。

據傳，這天夜裡，河北一帶人們都聽到空中有個聲音在說：「智隍禪師今日得道了！智隍禪師今日得道了！」

辭別惠能後，智隍又回到河北一帶廣布佛法，開導教化四眾弟子。

只解塑性，不解佛性：西蜀方辯

某天，微風和煦、陽光晴好，惠能想要清洗弘忍傳授的袈裟，卻找不到清澈的好泉水；於是，他走到了寶林寺後方五公里遠的地方。只見該處山林茂密繁盛，一片祥和瑞氣。

惠能此時舉起手裡的錫杖往地上一插，錫杖卓立該地後，泉水滾滾湧出，一下子就積蓄成為一個小池塘。惠能便雙膝跪地，找了顆石頭，仔細地清洗袈裟。

這時候，突然有一位僧人跑來頂禮膜拜，說：「我是來自西蜀的方辯。昨天我在南天竺國見到達摩祖師，他囑咐我說：『你速往東土！我傳授的大迦葉正法眼藏和僧伽梨，已經到了第六代，現在正在韶州曹溪傳法，你去瞻仰禮拜！』所以我從很遠的地方來，就是希望能見到祖師傳下的衣缽。」

如果用人間的時空來看，從達摩祖師到六祖傳法，經歷了很長的歲月；而曹溪和南天竺相隔之遙，方辯卻能一日抵達，並知道一切過去長遠時間、遙遠地方發生的事，足見他有神通。於是惠能出示衣缽給他看，然後問道：「上人，您主要精通什麼技能（事業）呢？」

「我擅長雕塑。」方辯回答。

惠能正色說道：「那就請您試著為我塑像看看。」

聽到大師突然這樣要求，方辯一時之間不知所措，不明白其中用意，但仍然仔細觀察琢磨。幾天過後，完成了惠能的塑像，高度大約有七寸，神色細膩入微，唯妙唯肖，和大師非常相像。

看著方辯完成的雕塑，惠能笑著對他說：「你只了解塑性，不解佛性。」這是因為，「凡有所相，皆是虛妄」，方辯能雕塑出法師的身長、外型、神色，但佛性、精神是塑不出來的。惠能藉由這樣的過程點撥方辯，他既是求法而來，卻只是依照惠能的形象而雕塑，他的眼中所見還只是惠能這個人而已，而不是佛性的樣貌。

當然，佛性是無法雕塑的；但方辯當下未能立刻回應惠能，只能依照惠能言語上的要求去塑形；等待雕塑完成，惠能藉機再為他開示。接著，惠能伸出手撫摩方辯的頭頂，並說道：「永為人天福！」

語畢，惠能將法衣送給方辯。方辯取衣後分而為三，其一披在惠能塑像上，其二自己保存著，其三以棕葉包好埋在地下，並且發願道：「日後獲得此衣者，就是我轉生再世。後世我將住持於此，重建殿宇，繼續弘揚禪宗法門！」

相傳方辯所塑之像放在高泉寺受人供養，十分靈驗，頂禮膜拜之人，日日不知凡幾。據說，有人看到栩栩如生的惠能雕像，感覺五官、四肢都有些微移動，移動的軌跡與惠能的舉止非常相像。

永為人天福

佛陀住世時，曾經到忉利天宮為母說法，這一說就是三個月的時間。優填王以及大臣、弟子們都很想念佛陀，所以請工匠打造一尊高五尺的佛陀聖像，日日供養、禮拜。三個月後，佛陀回到人間，佛像竟向前迎接。佛陀看到這座檀香木製成的佛像居然能夠活動，便對它說：「以後末法時代，就要靠你永為人天福了！」隨後，佛陀對眾弟子宣布：「我涅槃後，這座佛像可以為四部弟子做法事。」這便是佛像的最早由來。

方辯轉世

宋朝嘉佑八年，有一位僧人名為惟先，他挖地動土準備修建寺院；挖著挖著，居然得到一件像嶄新的袈裟。相傳，這件袈裟便是當年方辯所埋，而這位惟先即是方辯轉世。

是痛不痛：荷澤神會

惠能大師晚年的弟子以神會最為知名。神會初見惠能時只有十三、四歲，還是個天真活潑的少年。他原是襄陽（今湖北省襄陽市）高氏人家之後，從小飽讀詩書，也曾在玉泉寺隨神秀學習，後來到了曹溪參禮。

看到這率真的少年，惠能很是喜歡，於是詢問神會：「小和尚你遠道而來，路途艱辛，你是否已經悟得本性？如果已經了悟自性，那就應該認識自己的主人公了！你不妨說來聽聽看。」

神會聽了馬上回答：「以無住為本體，得到這樣的正見就是主人公了！」

惠能知道神會的回答只是在語言文字上做解釋，還沒有真正見到本心本性，便呵斥：「你這小沙彌怎麼回答得如此隨便呢？」

神會反問惠能：「師父您坐禪，是有所見還是無所見？（還見不見？）」

惠能拿了手杖朝神會打了三下，問他：「我打你，你覺得痛還是不痛？」

神會說：「我覺得痛，也覺得不痛。（亦痛亦不痛。）」

惠能說：「那回到你方才問我坐禪，我有所見、也無所見。（亦見亦不見。）」

這下可把神會搞糊塗了，神會困惑地問道：「什麼叫做有所見，也無所見呢？」

惠能回答：「我說的『有所見』，是我能常見自心的過失，而不見他人的是非好惡，所以才『亦見亦不見』。

「再說，你剛剛說我打你，覺得痛也覺得不痛是什麼意思？你如果覺得不痛，那和草木、石頭般沒有感情；如果覺得痛，那就和凡夫一樣，馬上會因此生出怨恨之心。你聽我說吧：『見、不見是二邊，痛、不痛是生滅』。你尚未了悟自己的本性，還敢賣弄！」

神會這下被惠能說到點上了，他心服口服，跪下來禮拜懺悔。

惠能又說：「你如果自心迷失，還未了悟本性，那找善知識指引修行之路便是；如果你自心開悟，就能見到自性，依照自身體悟到的佛性去修行。現在的你，自己迷惑而看不到自己的本心，卻跑來問我是見或不見。我有所見只是我自己的了悟明白，又豈能代替你解除迷惑呢？而你若是見悟了佛性，也無法替代清除我心中的迷惑。更重要的是，為何你不從自性中體悟般若智慧，卻跑來問我見或不見？」

惠能點出，神會以為修行證悟只是在玩弄語言文字，以為口頭說說「見亦不見」、「痛亦不痛」，就算是懂得了「不二」的道理；殊不知，這只是語言文字的表象，並非真正的了悟。於是，惠能一問，神會不穩固的學理基礎立刻垮掉，甚至落入了自己以為已超越的「痛、不痛」等兩種對立概念的窠臼中。

神會聞法後，再次行禮作揖，跪拜百次後，請求惠能寬恕自己的無知與狂妄，從此跟在惠能身邊精勤修習，服侍左右。

神會孺子可教，學習能力強，惠能有意栽培，也因此要求甚高。

某一天，惠能對眾人說：「我有一樣東西，它無頭無尾，無名無字，無背無面，大家知道是什麼東西嗎？」

神會搶先出聲回答：「這是諸佛的本源，也是我神會自己本有的佛性。」

惠能說：「已經跟你們說了它無名無字，你偏要把它叫做本源、佛性。日後你就算戴了頂帽子在頭上、成了有成就的人，也不過是個知道如何解釋文字概念的徒眾，不是真正得道的行者啊！」

話說，神會既然說出了「佛性」這個答案，惠能為什麼還要指責他呢？其實，從神會急著回答，就可以知道他的積習還沒有完全除盡。雖然，在知識、見解上他已確知惠能所要講說的道理；但是，如果神會是證悟而得，早該知道這個「佛性」也只是語言文字上所給的假名施設而已，難道是言詮可以完全表達的嗎？

更何況，惠能已經說了這個東西「無名無字」，神會一聽惠能提問，卻立刻透過語言說出答案，以為這就是惠能需要的「回答」；殊不知，自己連惠能所說的「無名無字」之條件都未能體會，還暴露出自己先前慣於賣弄言語的個性，於是立刻被惠能斥責了。

惠能沒伎倆

有一天，惠能在寺院周圍散步之時，聽到某位僧人念著臥輪禪師的詩偈：

臥輪有伎倆，能斷百思想；
對境心不起，菩提日日長。

惠能聽了，告訴僧人：「這首偈還沒有見到自己的本性；如果依此修行，只會受到束縛。」接著，他另作一首詩偈開示：

惠能沒伎倆，不斷百思想；
對境心數起，菩提作麼長！

這兩首詩偈的對比，再次呈現出惠能的獨到之處。臥輪禪師重視的是修行的方法（伎倆），對於各種邪思雜念對症下藥，保持妄念不生起，即可日日增長智慧。

惠能則是強調先見到自己本有的本心佛性，這才是證成佛道的根本。先悟入根本的心性，就不必執著於特定的、要學習才能了解的方法，不用預先設定要斷除什麼樣的惡念玄想，心念生起時就順勢觀察，導引到正確的思惟上，智慧一樣可以增長。

兩者相較之下，惠能既不將修行方法視為對象，也不以強制地降伏不斷生起的念頭，智慧的增長更為內在而久遠。

上表辭疾，願終林麓

隨著唐代政治經濟的蓬勃，佛教也迎來了輝煌的發展。先是唐高宗禮遇玄奘法師；到了武則天登基後的第二年（西元六九一年），更下詔以佛為尊，把佛教列於道教之上。武則天本身十分崇敬大乘佛法，佛教更因此盛行於京城。惠能的名聲當然也傳到了朝廷；不過，皇室的多次禮請，卻都被他婉拒了。

武則天長壽元年（西元六九二年），首次派刺史張昌期請惠能入宮，惠能托病不去。到了萬歲通天元年（西元六九六年）張昌期再次前往曹溪，仍未能如願。於是，張刺史起奏，到了長安元年（西元七〇一年）迎請玉泉寺神秀禪師入京；此後，唐中宗、唐睿宗時，慧安、玄賾也相繼被詔。

武則天去世後，神龍元年（西元七〇五年）上元節這天，唐中宗下達詔書：「朕迎請道安、神秀二位大師到宮中供養，每日處理完朝政事務後，都會利用空檔探究佛法。道安、神秀兩位大師經常謙虛地告訴朕：『南方有位惠能禪師，繼承弘忍大師密授的達摩衣缽，乃是最上乘的頓悟法門，在曹溪一帶示悟眾生即心是佛之道。』他們說可向惠能請教佛法。朕聽說如來佛祖以心傳心，囑付了迦葉尊者，後來迦葉輾轉相傳，傳至中土的達摩祖師，代代相傳至今不絕。大師您稟承有依；如今朕特遣內侍官薛簡傳達詔書，希望能請迎大師入京；願法師慈悲為懷，盡快出發。」

惠能給朝廷上表婉辭，大意為：「我生長在偏遠的南方，年少時便渴慕佛法正道。忝為弘忍大師囑付如來心印，傳授我西國衣鉢，授東土佛心。奉天恩遣中使薛簡大人詔我入宮；然而，惠能久居山林之間，年紀老邁行動不便。陛下之德包容物外，道貫萬民，撫育照顧蒼生，仁慈愛護百姓；陛下的旨弘大教，讓出家人都欽佩崇敬。請您原諒惠能留在山中養病，繼續修持道業。」

薛簡看了惠能寫的辭疾表後，也不好繼續勸大師入京。然而，有幸能親會一面，定要把握可以請益的機會。

薛簡說：「京城裡的禪師們都說：『想到領悟佛道，就必須要坐禪習定；不經由坐禪習定的修行實踐，就無法達到解脫。』不知道大師您對這樣的說法以為如何？」

惠能說：「道由心悟，豈在坐也？《金剛經》云：『若言如來若坐若臥，是行邪道。』為什麼經文會這樣說呢？那是因為，沒有所來之處，亦沒有所去之處，沒有生也沒有滅，便是「如來清淨禪」；諸法空寂，就是「如來清淨坐」。原無一法可證可得，只是打坐又如何能證得呢？

此處可由「如來」一詞來理解惠能所言。「如來」雖為佛陀十號之一，但不能實指佛陀肉身，以為佛像的坐姿、臥姿就是佛陀甚至佛法的具體形象。「如來」所要表示的是，佛法或法身、佛性本來清淨如此，無來無去、無生無滅，又如何能簡單地以身體的行住坐臥來指稱或證悟佛法呢？」

佛陀十號

自《雜阿含經》開始，在佛教經論中即常見佛陀有十種稱號，分別指稱其特質或成就。分別為——

一、如來（梵文 tathāgata）：音譯多陀阿伽陀，謂乘如實之道而來，亦有本來如此、來去自如之意。

二、應供（梵文 arhat）：音譯為「阿羅漢」，意指受人天之供養，達到解脫、涅槃的修行者。

三、正遍知（梵文 saṃyak-saṃbuddha）：音譯為三藐三佛陀，能正遍了知一切法。

四、明行足（梵文 vidyācaraṇa-saṃpanna）：即已證得天眼、宿命、漏盡等三種神通，以及身口之行圓滿具足。

五、善逝（梵文 sugata）：乃以一切智為嚮導，修行八正道而入涅槃的修行者。

六、世間解（梵文 loka-vid）：意謂對於眾生、非眾生兩種世間如實地了知，因此而亦知曉世間滅與出世間的道理。

七、無上士（梵文 anuttara）：指佛陀已達涅槃，在一切眾生中，佛與眾生皆無能超越其上。

八、調御丈夫（梵文 puruṣa-damya-sārathi）：以佛陀的大慈大智，而能以種種方便調伏駕馭修行者，使其往赴涅槃。

九、天人師（梵文 śāstā deva-manuṣyāṇāṃ）：佛陀為天界與人界的導師，教導眾生明辨善惡行，令眾生解脫煩惱。

十、佛（陀）（梵文 buddha）：即自覺、覺他、覺行圓滿的覺悟者。

十一、世尊（梵文 bhagavat）：即具備各種德行而為世人所尊重恭敬的尊者。

有的經論將「世間解」與「無上士」合為一號，有的將「佛」與「世尊」合併，或者將「無上士」與「調御丈夫」合稱，故共計有十個稱號。（詳參《佛光大辭典》）

煩惱即菩提

薛簡接著說：「弟子回到京城後，皇上必定會問您所傳授之法。還請大師慈悲為懷，指示佛法的要旨，讓我可以回去稟奏聖上，並轉告京城裡的學道者。這就好比是用一盞燈就可以點燃千百盞燈，讓黑暗有了光明，光明相續而無窮盡。」

惠能接續薛簡「一燈然（燃）千百燈」的話頭說下去：「佛法沒有明亮、黑暗兩端，在佛道的不二法門裡，明、暗是兩個相對待的概念。說是光明沒有窮盡，但總還是有窮盡的時候；相對於光明，才有黑暗；相對於黑暗，才有光明。明、暗只是彼此依存的名稱而已。所以《淨名經》（即《維摩詰經》）說：『法無有比，無相待故。』意思是說，佛法本身無法用相對的事物去比附，佛法的光明是因其本來清淨，而勉強正面地以光明一語加以形容，並不是與黑暗相對的光亮而已。如果認為佛法是相對於黑暗的光明，只會讓佛法陷入相對的立場，讓人以為可以在黑暗中或外在的光明去找尋。」

薛簡又問：「光明用來比喻智慧，黑暗比喻煩惱。修習佛法之人，倘若不用智慧去照破煩惱，要是落入無始無終的生死輪迴，要如何能出離呢？」

惠能說：「煩惱即是菩提，它們是無二無別的。若是用外來的智慧照破煩惱，那是小乘人的見解，是修行聲聞乘、緣覺乘的方法，也就是《法華經》中比喻的羊車、鹿車的根機；至於上智利根之人（大乘），則並非如此修行。」

薛簡問：「請問大乘佛法的見解是什麼呢？」

惠能說：「與煩惱和菩提相同的道理，『明』與『無明』在凡夫看來是兩種現象；通達佛法的智者則正確地認識到，兩者沒有根本上的區別。佛性本身並沒有「明」或「無明」的概念對立（「無無明，亦無無明盡」），不會落入明與無明的相對中；這般平等不二之性，就是真實的佛性。這真實的佛性在凡愚之輩中不減，在聖賢裡亦不增，住煩惱而不亂，居禪定亦不寂。佛性不斷不常、不來不去、不在中間及其內外、不生不滅，不動搖亦不遷化，這就是所謂的『（佛）道』。」

薛簡又問道：「大師所說的不生不滅，這和外道有什麼差異呢？」

惠能說：「外道說的不生不滅，是死亡後不再生，這樣就不會再次經歷死亡。這其實是用生命來凸顯死亡，將生命與死亡看成相對立的兩樣東西。也就是說，外道說的『滅』，其實還是『不滅』；希望『生』，卻口說『不生』。

我說的『不生不滅』，則是本來就「無生」，所以也沒有所謂的「滅」，所以我說的『不生不滅』和外道說的不一樣。你如果想要知道佛法的要旨，可以試著先放下一切相對的善惡等概念，不要去思量忖度，自然就能進入清淨的心體。佛性湛然寂靜，它的妙用如同恆河沙數，是無窮無盡的；可以映現為各種樣貌，卻又不被外境所牽引，落入相對的觀念中。」

經過惠能的指點開導後，薛簡豁然大悟。他恭敬地禮拜惠能回到京城，並把大師所傳的佛法向皇上奏明。

國之福田

薛簡回京之後向唐中宗呈送辭疾表，並稟告惠能開示的要義。中宗皇帝聽聞之後，彷佛見到惠能親臨說法，龍心大悅，又在同年九月三日再次下詔褒諭惠能：

「大師陳述自己年長有疾，因而辭謝召請。您為朕修行佛道，猶如國家之福田。大師猶如維摩詰居士般，假託有疾居住在毗耶城中，都是為了教化眾生，闡揚大乘佛教，傳授諸佛妙心，講述不二法門。薛簡歸來後，他轉達了大師指授的如來知見。我因為先祖積善有餘慶，宿世種下善根，才得以遇上大師出世，令我了悟上乘佛法。對您的感恩和崇敬，無窮無盡。特此獻上磨衲袈裟及水晶缽，並敕命韶州刺史整修您所在的寺宇，另賜大師舊日所居住宅為『國恩寺』。」

唐中宗先是下詔將惠能出生的新州故宅改建為國恩寺，又敕改傳法道場曹溪寶林寺為中興寺，接著在景龍二年（西元七〇八年）敕額為「法泉寺」，更加隆重地整修雕飾。

法泉寺後來毀於火災，直到宋太祖開寶元年（西元九六八年）重新修復，賜名「南華寺」。後人遂將國恩寺、南華寺以及當初惠能受戒剃度的廣州法性寺（後改名光孝寺），並稱為「六祖三大祖庭」。

第九章　春草池塘惠能夢

我心自有佛，自佛是真佛；自若無佛心，何處求真佛？汝等自心是佛，更莫狐疑。外無一物而能建立，皆是本心生萬種法。

雖屢次婉拒徵召，所幸朝廷對惠能沒有加以為難。一年後，廣東新興的國恩寺落成了，唐中宗御筆親題「國恩寺」匾額。

光陰似箭，歲月如梭，曹溪在法雨普潤中一年一年地過去，惠能也從壯年走進了老年。看著勤學的弟子和林立的寺院，想著佛法的祖德祖業，是時候該將續佛慧命、利生弘法的責任交棒給弟子了！

說法不失本宗

這一天，他把法海、志誠、法達、神會、智常、智通、志徹、志道、法珍以及法如等十大弟子叫到方丈室內，鄭重地囑咐。惠能說：「我年紀已大，讓佛法紹隆於世、綿延不盡的任務，就要由各位來承擔了！你們和其他人不同，必須要繼承師命，不可以只把自己當作一般徒眾，而是要義不容辭地負起重責，在我滅度之後，應當各自成為教化一方的宗師。我現在就告訴你們，如何把握禪宗精髓，日後宣說佛法時才不會違背宗旨。」

惠能接著說：「你們說法時，要把握幾個原則。首先必須舉出『三科法門』，並使用『三十六對法』，說法時要脫離兩端偏見。特別要記得『說一切法，莫離自性。』像我自己就經常遇到有人冷不防地問我問題，將來你們也會遇到這情況，所以回答的時候要兼顧兩邊，舉例可以運用相對之法，讓言語的來去都能有所照應。這些都只是過程，最終還是要讓那些有無、生滅、來去等種種二相區別都完全泯除，不可以執著。」

時光匆匆飛逝，惠能知道今世因緣將盡，自己將不久於世。於是，在唐睿宗延和元年（西元七一二年）七月，命弟子回到他的家鄉新州國恩寺，施工建塔，並且吩咐要盡快完工。塔名取「報四恩」之意，即上師恩、國土恩、父母恩與眾生恩，故名為「報恩塔」。弟子們不敢懈怠，兢兢業業建設墓塔，寶塔在隔年（西元七一三年）夏末便落成。

授〈真假動靜偈〉

這一世的大事庶幾已畢，自己的塵緣也快終了。七月一日這天，惠能把大家集合起來，對著眾人說：「今年八月，我就要離開了；你們如果還有什麼問題，就要趕緊說出來，讓我替你們解除疑惑，清除你們內心的迷妄。記得把握時間早點提問，不然等我離開之後，就沒辦法繼續教導你們了！」

其實，就在去年惠能大師吩咐弟子到新州建塔時，大家就已經感覺到師父快要離開了，師兄弟間彼此默契，感傷卻不願提及。門徒們想著平日相處的點點滴滴，在寶林寺平穩安定的求法修道，以後再也沒有師父的關愛指點了，讓大家如何是好！雖說都是修行之人，但眾人心中悲戚之情依然難掩，面對師父不久住世，於是紛紛落淚。

惠能和弟子之間情誼深厚，但眼見弟子們還是沒有真正看透生死，決定把握機會點化。

他環視周遭，看了看每個人的面容，在場只有神會小和尚神情不動，沒有悲傷哭泣；其餘的人不是紅著眼眶，就是垂頭抽泣。惠能告訴大家：「你們這麼多人，只有神會小禪師曉得善與不善都是法性平等的，所以他才能夠毀譽不動、哀樂不生；除了神會之外，其他的人都不得要旨。

「跟著我在寶林山中這麼多年，你們究竟是怎樣修行佛道的呢？現在這樣哭哭啼啼，是在為誰憂傷呢？如果是憂慮我死後不知去處，我是清楚自己去處的！假若我不知道去世將往何處去，我也就沒辦法預先告訴你們我要走了。你們之所以一聽到我要離開人世就哀傷哭泣，完全是因為不知道我死後的去處；

若是知道我的去處，就不會這樣悲傷了。要明白，法性之身本無生滅去來！你們大家都坐好，聽我這首〈真假動靜偈〉：

一切無有真，不以見於真；若見於真者，是見盡非真。
若能自有真，離假即心真；自心不離假，無真何處真？
有情即解動，無情即不動；若修不動行，同無情不動。
若覓真不動，動上有不動；不動是不動，無情無佛種。
能善分別相，第一義不動；但作如此見，即是真如用。
報諸學道人，努力須用意；莫於大乘門，卻執生死智。
若言下相應，即共論佛義；若實不相應，合掌令歡喜。
此宗本無諍，諍即失道意；執逆諍法門，自性入生死。

「你們一定要好好誦讀、領悟這首偈，就像和我同在一般。依此修行，就不會偏離宗旨。」

這首偈頌將惠能前述的佛理做了扼要的總結。惠能告訴弟子，感官所知覺到的一切，都不是真實的；對於世間有所感知，投入情感之後，各種分別判斷於焉產生。在和世間接觸的過程，可以透過各種相對的概念、認知，對人事物進行如善惡般的判斷；但是，須知這皆是表象上的、非根本的評價而已；佛法的根本及第一義，是不受這些相對情況所影響的。

如果大家選擇了大乘的修行道路，就應不執著於這些相對的情況；即便是生死大事，也只是生命的變化罷了。修習佛法，就要能夠不受生死影響心念與情緒，可以自由自在地經歷生死流變卻不感到憂愁煩惱。回到自性的表現，即是要達到這種擺脫生死、不落入相對的兩端，又能輕鬆地運用各種相對概念解釋事物。

聽了惠能的開示之後，空氣中原本瀰漫的不捨之情逐漸散去，大家明白要努力修道、自見本性。弟子們一起敬拜惠能；經過這次開示，彼此之間也更為凝聚、團結。

傳法不傳衣

惠能大師耳提面命，要大家儘早發問，於是大弟子法海禮拜後提問：「師父您圓寂之後，佛衣法缽要託付給誰呢？」

惠能說：「當年韋刺史請我到大梵寺說法，從那時候開始一直到現在，我講的內容被鈔錄流傳，被稱為《法寶壇經》。你們要繼續守護，代代相傳，度化眾生。只要依照《法寶壇經》的內容去講述，就是正確的佛法。今天我為你們傳授法，但我不傳法衣；這是因為你們的信念堅定而無所猶疑，佛法造詣純熟，可以肩負弘法大任。所以，我根據達摩祖師的宗旨，付授偈意，不再將法衣單傳於一人。達摩祖師有傳下一首詩偈是這樣說的：

吾本來茲土，傳法救迷情；

一華（花）開五葉，結果自然成。

弘忍當初傳法給惠能時也曾特別提醒，希望袈裟傳到惠能就要停止，因為歷代常因法衣而起爭執。菩提達摩初到中土，為了讓人們確信所傳的禪法是從釋迦牟尼佛而來，所以出示佛祖所賜袈裟，並以此為信物代代相承。惠能只傳承禪法本身，不但遵守了弘忍大師的叮囑，更實踐了達摩「以心傳心」的宗旨。

聽到師父說不再傳法衣了，眾人既疑惑又驚訝。惠能要大家排除妄念，各自淨心聽他說法，接著進一步開示：

「各位善知識！如果要成就佛智，必須通達『一相三昧』和『一行三昧』的法門。如果可以對於一切處不著相，在這些物相中不生起憎愛之心、不起佔據捨棄之意、不計較利益得失等事，安閑恬靜，虛融淡泊，這就叫做『一相三昧』。

「若能以心做為修行的道場，則任何納入眼簾、進入心中的事物，都是心的範圍，相當於心就是所有處所，世間萬物都能在心中顯現。所以，不論行、住、坐、臥，都保持心的純淨，不受外物影響，映現事物本來的樣貌，便能擁有一方佛國淨土，這就是『一行三昧』。

「一個人如果可以懂得『一相三昧』和『一行三昧』之理，便如同土地有了種子，能夠蘊藏、生長、養成，並結出成熟的果實。修行『一相三昧』和『一行三昧』，就是這樣的道理。我在這裡為你們說法，就像及時雨般，用佛法來普潤大地；而你們的佛性，就像是種子，接受雨水的滋潤後便會發芽。繼承我所傳的宗旨，一定能獲得菩提正道；依照我說的去修行，定能證得佛果。再給諸位一首詩偈：

心地含諸種，普雨悉皆萌；

頓悟華情已，菩提果自成。

說完詩偈後，惠能看了看大家，對弟子們的期待和關心，化成叮嚀總是有些意猶未盡。他又接著說：「其實佛法沒有兩樣，人的自心也是這樣的。佛道本來清淨、不受世間諸相汙染；所以，不要去追求不動不起的觀淨，也不要執著於百物不思、斷絕心念。為師希望你們能懂得：『此心本淨，無可取捨』。各自努力，好好地去修行吧！」

聽了師父的叮嚀後，大家對於修行有正確的認識，也更有信心去實踐了。弟子們向大師行禮後，恭敬地退下。

歷數禪宗傳法世系

過了六天，在唐玄宗先天二年（西元七一三年）的七月八日，一早起來，惠能突然告訴弟子：「我打算回到故鄉新州，你們趕快把船備好，我要走了！」聽到師父這麼突然又堅決地要離開曹溪，大家非常捨不得，紛紛哀求慰留，請大師不要走。

惠能耐心地說道：「你們要知道，諸佛來到人間，要離開的時候都會顯示涅槃之相；有來必有去，這是理所當然的，我這身形骸也應有個歸藏之處。」

席間有弟子不放棄地問：「師父您這次去新州，什麼時候會再回曹溪呢？」惠能微笑著回答：「我離鄉多年，這次回新州，就是落葉歸根了，來時無口啊！」

惠能簡單地用「葉落歸根，來時無口」這八個字，歸結這一生學習佛法的整體心得與落幕，蘊意極深。「葉落歸根」意指世間萬物總歸是會回到源頭，如同葉子是從根開始生成，凋零之後掉落、分解，又回歸樹根。「來時無口」則一方面表示：自己來到人間，雖然看起來說法好多年了，但其實未曾說過一法；另一方面表示：諸法本來就是不增不減的，不須透過語言文字表示，也是本來就如此。學習佛法最終還是要回歸本來清淨的本性，認知到無需語言文字表達的狀態，才是佛法的本來面貌。

雖然七月一日那天惠能已經明白地告訴大家，日後不再將法衣單傳於一人了，但有個莽撞的弟子又問：「師父，您將正法眼藏傳付給誰了？」惠能耐心地說：「能悟得佛道的人就可以得到，絕離世俗妄念之心的人可以通曉。」

另一位個性謹慎的弟子則問：「師父您離開後，是否將有大事或禍難發生？」惠能回答：「我去世後會有人來盜取我的首級。你們記住我的預言：『頭上養親，口裡須餐；遇滿之難，楊柳為官。』到時候可以兩相印證。除此之外，在我離開後七十年，會有兩位菩薩從東方來，一位出家為僧，另一位是在家居士，他們兩位會同時興化佛法，修建寺院，弘揚禪宗。」

後人考察，出家僧為馬祖道一，在家者則是指龐蘊居士。

正法眼藏

又稱為「清淨法眼」，指禪宗教外相傳之心印，也是禪宗的要旨。《聯燈會要》卷一：「世尊在靈山會上，拈花示眾，眾皆默然，唯迦葉破顏微笑。世尊道：『吾有正法眼藏，涅槃妙心，實相無相，微妙法門，不立文字，教外別傳，付囑摩訶迦葉。』」據傳，此即禪宗的濫觴。

龐蘊居士

字道玄，生卒年不詳，唐代衡陽人（今湖南省衡陽市）。他曾謁見希遷和尚，後又到洪州跟隨馬祖道一參禪。龐蘊有許多偈頌傳世，用偈來闡明禪旨，是唐代白話詩派（又稱佛教詩派）著名人物。被譽為「白衣居士第一人」。

師父的預言讓大家直呼神奇，由衷敬佩。席間又有人接著問：「不知道從遠古佛祖以來至今，共傳授了幾代？希望師父為我們解說開示。」

惠能回答：「從遠古以來，諸佛們到人間傳法的數量是無數的，沒有辦法去計算。現在我用七位佛祖做為開端吧！在過去莊嚴劫有毗婆尸佛、尸棄佛、毘舍浮佛；在今賢劫有拘留孫佛、拘那含牟尼佛、迦葉佛、釋迦文佛，這就是『七佛』。而釋迦牟尼佛所傳的第一位祖師是摩訶迦葉尊者，二祖是阿難尊者，三祖是商那和修尊者，四祖是優波毱多尊者，五祖是提多迦尊者，六祖是彌遮迦尊者，七祖是婆須蜜多尊者，八祖是佛馱難提尊者，九祖是伏馱蜜多尊者，十祖是脅尊者，十一祖是富那夜奢尊者，十二祖是馬鳴大士，十三祖是迦毘摩羅尊者，十四祖是龍樹大士，十五祖是迦那提婆尊者，十六祖是羅睺羅多尊者，十七祖是僧伽難提尊者，十八祖是伽耶舍多尊者，十九祖是鳩摩羅多尊者，二十祖是闍耶多尊者，二十一祖婆修盤頭尊者，二十二祖摩拏羅尊者，二十三祖鶴勒那尊者，二十四祖師子尊者，二十五祖婆舍斯多尊者，二十六祖不如蜜多尊者，二十七祖般若多羅尊者，二十八祖菩提達摩尊者，二十九祖慧可大師，三十祖僧璨大師，三十一祖道信大師，三十二祖弘忍大師，惠能我則是第三十三祖。以上諸祖各有稟承關係，你們之後，也要代代流傳下去，不能讓佛法中斷或失傳。」

禪宗的歷代法統解說完畢後，惠能便帶著神會、法海等弟子，動身回到新州故鄉了。

臨終前授〈自性真佛偈〉

闊別家鄉五十多年，惠能總算回來了！看著秀麗幽靜的國恩寺，故鄉的一花一木、一草一石，都讓惠能覺得很親切。

歸鄉後他依照當地風俗，將父母親重新合葬，在治辦這些事情時，也令他深深感受到故鄉如母，自己是和故土連根的。為了表示紀念，惠能在國恩寺東北方親手種植荔枝；千年後，荔枝樹成為廣東著名的千年佛荔，如今依然屹立不倒。

相傳荔枝樹會長出每串六顆的荔枝果實，當地民眾都認為這是在喻「六祖」之意。清朝嘉慶年間，舉人陳在謙曾作詩讚頌：

龍山側生枝，乃傍盧公墓；吾師手所植，樹老蟲不蠹。

一千二百歲，曠劫等閒度；云何太支離，亦抱維摩痼。

獨有橫出枝，翩翩入雲霧；仲夏火實騈，時聞天香吐。
珠胎剖晶瑩，中乃萬象具；瑪瑙盛玉碗，倒與法供布。
一偈明心性，菩提本無樹；豈緊口腹圖，翻為身後住。
樹也本不住，師也本不去；吾且食荔枝，佛也本不喻。

大小要事逐一處理完畢後，離別的日子即將到來。唐玄宗先天二年八月三日這天，惠能用過齋飯後，他告訴弟子：「你們依照自己的位置次序坐好，我要和大家告別了！」聽師父這樣說，法海趕緊跪下並問道：「師父您還有沒有什麼教法要說？好讓後世迷惑之人能得見佛性？」

惠能說：「你們仔細聽著吧！後世的人，若能認識到眾生是五蘊聚合的假相，那便是佛性的顯現；假若不能認識到眾生是五蘊聚合的假象，就算是累世累劫去覓求作佛也難成。我現在教你們認識心中的眾生相，悟見自心的佛性。

「要想認識什麼是佛，必須要能認識什麼是眾生；因為，眾生的種種煩惱、六塵會遮蔽佛性，而不是佛性被種種煩惱給迷惑。要知道，若是能悟得自身的佛性，眾生就是佛；自性若是被迷惑了，佛也就是眾生。能認識到眾生的佛性是平等不二的，則眾生是佛；若是自性邪險，那麼佛也就是眾生。你們要知道，若是心性陰險歪曲，那就是把佛處在眾生之中；若是一直能懷著平等正直之心，即是眾生成佛。

「我心之中有佛，自心之佛是真佛；自心之中要是沒有真佛，又要往何處去求佛呢？你們的自心就是佛，不要再懷疑了！沒有一物是可以離開自性而建立的，這些都是本心生萬種法。所以《大乘起信論》說：『心生種種法生，心滅種種法滅。』我現在留下一首詩偈，藉此與你們告別，這偈稱為〈自性真佛偈〉。後世的行者，只要能認識這首詩偈的大意，就能自見本心、自成佛道：

真如自性是真佛，邪見三毒是魔王；邪迷之時魔在舍，正見之時佛在堂。

性中邪見三毒生，即是魔王來住舍；正見自除三毒心，魔變成佛真無假。

法身報身及化身，三身本來是一身；若向性中能自見，即是成佛菩提因。
本從化身生淨性，淨性常在化身中；性使化身行正道，當來圓滿真無窮。
淫性本是淨性因，除淫即是淨性身；性中各自離五欲。見性剎那即是真。
今生若遇頓教門，忽遇自性見世尊；若欲修行覓作佛，不知何處擬求真？
若能心中自見真，有真即是成佛因；不見自性外覓佛，起心總是大癡人。
頓教法門今已留，救渡世人須自修；報汝當來學道者，不作此見大悠悠。

這首詩偈點出，心中真正的佛就是我們人人本有的佛性，以正見觀照自心時，就好似佛陀在堂；心中充滿邪見、三毒時，就是魔王入室。邪淫汙穢與清淨本性似是相對相生的關係；一旦將邪淫汙穢袪除了，本性的清淨就會顯示出來。本性若能在剎那之間遠離令人貪染執著的五欲，這瞬間見到的本性，即是最真實的樣貌；見到本性的瞬間，即是頓教法門的頓悟。由此可知，頓教法門最重要的就是悟見自己的本心，不假外求。

惠能吟完這首詩偈，告訴世人，該說的都已說了，接下來要靠自己修行，自度自救，方有能力去救度他人。

端坐圓寂

偈語說完了，離別在即，看著弟子們難忍憂傷，惠能再次提醒：「你們要各自珍重！我滅度之後，千萬不要像世俗之人那樣哭哭啼啼，悲泣地接受別人弔唁；在那邊穿孝服守喪的，就不要說是我的弟子了，這也並不合正確的佛法！

「要認識自己的本心，見到自己的本性，就能體會佛法的存在是無動無靜、無生無滅、無去無來、無是無非、無住無往的。我怕你們還是存有迷惑，不能體會我所說的意思，所以再次囑咐你們，希望你們要見性。我滅度之後，你們還是要依照我說的去修行，如同我在世時一般。如果違背為師的教導，就算我還活著，對你們來說也是沒有益處的！」

殷勤叮囑弟子的惠能大師，於是又說了一首詩偈：

兀兀不修善，騰騰不造惡；

寂寂斷見聞，蕩蕩心無著。

此詩偈詩直接告訴弟子，自心不必刻意去修習世俗的善行，當然也不再造世間的惡業；應心中寂靜，斷除世俗的見聞，且如清澈的水波般，坦蕩蕩地不染著於任何外物。

留下最後的話語後，惠能沐浴更衣，安然端坐。至夜半三更，只見他突然對門人說：「我要走了！」於是溘然逝去。

從那一刻起，奇異的香氣縈繞滿室，馨香滿堂。突然間，一道白虹劃過天際，將天地間連接起來，白虹的光芒將附近森林裡的林木染上一層耀眼而潔白的光輝。風雲皆失色，群鳥都斷腸，哀聲響徹雲霄，禽鳥們悲鳴不已……

關於惠能大師的生卒年，相關史料的記載上說法不一。惠能弟子法海在〈六祖大師法寶壇經序〉說：「（惠能母）誕師於唐貞觀十二年戊戌歲二月八日子時。」敦煌本《壇經》則說：「大師春秋七十有六……（先天二年）八月三日滅度。」從先天二年（即西元七一三年）往回推算大師生年，正是貞觀十二年（西元六三八年），兩者的說法是吻合的。

然而，大師的滅度之日則有不同的說法。柳宗元在元和十年（西元八一五年）寫的〈曹溪第六祖賜謚大鑑禪師碑〉說「大鑑去世百有六年」；按此推算，則惠能是在西元七一〇年圓寂，劉禹錫作〈曹溪第六祖賜謚大鑑禪師第二碑〉也是同樣的說法。關於這點，印順法師在《中國禪宗史》裡提到：「（柳宗元、劉禹錫）不一定經過自己的精密推算，而只是依據禪者的傳說，極可能是根據當時流行的《曹溪大師別傳》。」而《曹溪大師別傳》裡對於惠能生平事跡相關記載，有出現一些數字計算上的錯誤。

因此，本書採用的說法以敦煌本《壇經》為據，惠能大師生於貞觀十二年

（西元六三八年），卒於先天二年（西元七一三年）。

第十章　六祖身後

達摩所傳信衣、中宗賜磨衲寶鉢、及方辯塑師真相，并道具，永鎮寶林道場，流傳壇經，以顯宗旨。

惠能大師滅度後，弟子遵照師囑節哀，並開始辦理後事。同年十一月，剃度出家的廣州法性寺，以及開山弘法的曹溪法泉寺（即寶林寺），都希能望爭取迎接六祖真身。

六祖歸曹溪

惠能大師圓寂地國恩寺的僧眾和村民們當然不同意了：「新州可是大師誕生的地方啊！當時大師正是有感於自己將滅度，希冀落葉歸根，才派弟子來這邊建置報恩塔，所以惠能大師的真身應當要留在國恩寺供養才對！」國恩寺的信士們紛紛表示意見。

一時之間，各地百姓、在家居士、弟子徒眾、出家僧人等，都積極參與爭取，甚至當初六祖拜師學道的黃梅東山寺也屢屢派人來問。各方相爭不下沒有共識，最後只好訴諸官府，希望公權力可以介入，給出個滿意的結果來。

沒想到，廣州、韶州、新州三郡的官員們也沒辦法判定，因為各執一詞、各有道理。討論了老半天後，決定直接請大師給個指引吧！

眾人們齊聚一堂，各寺代表按照寺院相對的方位依序坐好，接著焚香祝禱：「香煙飄向什麼地方，就是惠能大師真身回歸的處所。」

說也奇怪，只見裊裊輕煙朝著曹溪的方向飄去，空氣中漫著一股清新優雅的馨香。看到大師的指示，大家心悅誠服，更感激大師與曹溪的深厚緣分。而在場的新州信士、百姓們則痛哭流涕，依依不捨。

相傳，當天夜裡，惠能託夢給一弟子，要弟子把一首詩偈轉告新州的父老鄉親：「任憑天下旱，此處一半收；任憑天下亂，此處永無憂。」或許因大師庇佑，新州這個地方歷年都是平安富足，百姓安居樂業。

這年十一月十三日，眾人從國恩寺迎出惠能的真身，神龕中盛有惠能的遺體以及五祖所傳的鉢盂，大家依照師囑心懷恭敬，節制悲傷，順利地將真身及法器送回曹溪。

隔年七月，弟子們又將惠能大師的真身請出神龕，只見大師「端形不散，如入禪定」；接著，再請善於雕塑的方辯和尚，用香泥塗於其上，並將當初惠能大師相贈的袈裟披在真身之上。

這時，有個細心的弟子提醒大家：「惠能大師在圓寂前曾經有預言，說自己離世後會有人來盜取首級，我們要想想辦法預防啊！」

大家商量討論後，找了鐵片和漆布，牢牢固定保護惠能大師的頸部，接著才將大師遺體安放供於塔中。說時遲那時快，正當入塔之時，塔內忽然出現了白光，直衝天際，閃耀了三天三夜後才消散。

曹溪的天空出現奇特蹟象，讓百姓大呼驚奇；地方長官把事情來龍去脈上奏朝廷，朝廷敕令立碑，記錄惠能大師一生傳法事蹟。

張淨滿盜頭

大師入塔後，道場在時間推移中又回歸平實的日子；弟子們謹記惠能大師囑咐，辛勤修道，不曾怠慢。

開元十年（西元七二二年）八月三日這天深夜，眾人都已入睡，寶塔中卻傳出有如拉拽以及切割鐵索的聲音，令人驚起！

大家湧向寶塔，只見有個穿著孝服、打扮成孝子模樣的人，倉皇地從塔中出逃；而當初纏裹惠能大師頸部的鐵片，則明顯有被鋸砍過的痕跡。眾僧把這件事情具體呈報州縣，請求官府協助緝捕盜賊。主理事件的長官為縣令楊侃、刺史柳無忝，他們下令加緊追捕，一定要捉拿住盜賊！

五天過去了，在官民聯手合作下，終於在石角村這地方抓到了賊人，把他送到韶州審問。

柳刺史嚴謹審問：「你叫什麼名字，是哪裡來的？居然敢盜取惠能大師的首級！你有什麼目的？快從實招來！」

清瘦的賊人發著抖，頭也不敢抬地回答：「我姓張，叫做淨滿，是汝州梁縣人。因為家裡真的太窮了，我不忍心重病的老母親和我一起餓死，只好鋌而走險。我真的犯了大錯！我在鋸頭的時候，頭不僅鋸不斷，還發出像是在鋸鐵鍊的巨大聲響，真是嚇壞我了！我到底做了什麼嚴重的惡事啊！」張淨滿跪著磕頭陳述，眼淚直流。

柳刺史接著問：「你說鋌而走險，到底是什麼人指使你的？你收了多少好處？」

張淨滿供認道：「我在洪州的開元寺遇到了新羅（今韓國）僧人金大悲，金和尚一直很仰慕惠能大師，他給了我二十千錢，要我替他取下惠能大師的首級，好讓他送回新羅，日日供養。」

聽了張淨滿的供詞，柳刺史一方面為這年輕人的一時糊塗感嘆，一方面又心疼他是因為無法奉養母親而釀錯，所以並不對張淨滿用刑。但是，這案子該怎麼判呢？「既然發生在佛門，就請教佛門中人吧！」柳刺史暗中思索。

「來人啊！把張淨滿關進牢裡，聽候發落！」柳刺史語畢，便動身前往曹溪。

到了曹溪法泉寺後，柳刺史仔細地把張淨滿供詞轉述一遍，恭敬地向惠能大師的高足令韜法師徵詢：「法師您看，這張淨滿的案子，官府應當如何處理呢？」

令韜說：「如果用國法來看這件事，犯人應當處以極刑。不過，以佛教慈悲的觀點來看，冤親都是平等的，何況張淨滿的行為是協助金和尚將惠能大師移至新羅供養；從這點看來，其實他的罪過是可以寬恕的。」

聽到令韜的回應，柳刺史深深敬佩：「我直到今日才知道，佛門的慈悲之心，是如此包容、廣大無邊啊！」

既然惠能的弟子都說要寬恕，衡量情理法後，柳刺史赦免了張淨滿的罪，要他洗心革面，好好做人，並從孝道的意義上勸導提醒，要他不可再行惡事，以免傷老母親的心。

張淨滿盜頭事件的發生，再一次印證惠能大師的預言。大師滅度前曾說：「頭上養親，口裡須餐；遇滿之難，楊柳為官。」張淨滿是因為家貧養親才打扮成孝子模樣來盜取首級，釀成「遇滿之難」；而主辦這事件的地方長官正是楊侃、柳無忝。

令韜法師

令韜法師（西元六六六至七六〇年），俗姓張，號行滔，江西人。從六祖惠能出家，隨時在側。惠能大師圓寂後，令韜居曹溪守護師塔。

根據《景德傳燈錄．卷五》記載：「唐開元四年，玄宗聆其德風，詔令赴闕。師（即令韜）辭疾不起。上元元年，肅宗遣使取傳法衣，入內供養，乃敕師隨衣入朝，師亦以疾辭終於本山，壽九十五，敕謚大曉禪師。」

賜謚大鑑禪師

惠能圓寂後，朝廷對於曹溪一脈也十分關心。上元元年（西元七六〇年），唐肅宗派使者將惠能衣缽請至京中供養，到了永泰元年（西元七六五年）五月五日這天，唐代宗夜夢惠能大師，大師說：「懇求聖上將衣缽送回曹溪吧！」

大師托夢顯靈讓皇帝高度重視。於是，在同年五月七日這天，唐代宗詔示刺史楊緘：「朕前日夢見六祖惠能大師請求將衣缽送回曹溪，所以我現在要派鎮國大將軍劉崇景頂戴而送。朕視此為國寶，你可以在曹溪法泉寺中按照原先宮中的布置好好擺設安置，並請親承惠能大師教誨的僧人們，嚴加守護，千萬不要讓寶物遺失了！」

楊緘謹遵聖旨，回到曹溪後妥善操辦。此後數年，寶物發生過好多次被竊事件，卻總是不久後即被送回。

元和七年（西元八一二年）唐憲宗賜惠能大師謚號「大鑑禪師」，賜墓塔名曰「元和靈照」。

到了宋朝開寶元年（西元九六八年），宋太宗將法泉寺敕賜為南華禪寺，同時下令重建師塔七層，並且親筆題書「大平興國之塔」；「南華寺」一名，便一直沿用到現在。

宋仁宗天聖十年（西元一〇三二年），朝廷迎真身及衣鉢供養，謚號「大鑑真空普覺禪師」，宋神宗時加謚「大鑑真空普覺圓明禪師」，到了元仁宗時，再加謚為「大鑑真空普覺圓明廣照禪師」。歷代朝廷對惠能大師皆大力推崇。

滑臺辯法

雖然惠能大師在世時，曹溪法門的聲望很高，大師圓寂後也仍受朝廷推崇，但在北方高居「兩京法主，三帝國師」的神秀及其弟子，亦不容小覷。

神秀圓寂後（西元七〇六年），他的弟子普寂禪師為大通禪師（神秀謚號）立碑、修宗譜，並且謬以禪宗七祖的身分自居，《景德傳燈錄》甚至有言：「六祖滅後，二十年間，曹溪頓旨，沉廢於荊吳；嵩嶽漸門，盛行於秦洛。」

而同樣重視祖師傳承的惠能弟子神會，請了兵部侍郎宋鼎為惠能立碑，另外也立了六代師祖影堂，並請太尉房琯作六葉圖，力圖重振六祖之風。

究竟誰才是正統？南、北雙方各說各話，相爭不下。

唐玄宗開元二十年（西元七三二年），神會在滑臺（今河南滑縣）的大雲寺設立無遮大會，展開辯論。神會特別提出：「神秀禪師還在世時，已經明確地說五祖傳法袈裟在韶州惠能大師這邊，而且神秀禪師從來沒有說過自己是

『六祖』；現在普寂自稱是第七代，妄稱神秀和尚是第六代，這是不對的！」神會更在與崇遠的論戰中批評神秀所傳「師承是傍，法門是漸」。

滑臺大會後，南宗的影響力不斷擴大。天寶四年（西元七四五年）宋鼎請神會到洛陽的荷澤寺宣法，同年神會著《顯宗記》，定南、北頓漸，「南頓北漸」的名稱正是由此而起。

神會努力地讓頓悟法門立足北方，先是洛陽一帶廣為流行，爾後更大行於天下。安史之亂時，神會將眾僧們的收入用來支援軍需，對於朝廷收復兩京有一定程度的貢獻。安史之亂平定後，神會為南宗做了兩件大事：一是請郭子儀上表，為達摩初祖立謚（謚為圓覺，塔名為空觀）；二是由廣州節度使啟奏，迎請惠能大師衣缽入宮。

南宗的地位由此更加穩固，如同柳宗元在〈賜謚大鑑禪師碑〉提到：「今布天下，凡言禪皆本曹溪。」後來，唐肅宗迎請神會入京供養，並將他住過的荷澤寺重新修建。

神會圓寂後，謚號真宗大師。在他離世三十九年後，唐德宗敕皇太子定禪門宗旨，於貞元十二年（西元七九六年）封神會為禪宗七祖，南宗從此遂為正統。

普寂禪師

普寂禪師（西元六五一至七三九年），俗姓馮，蒲州河東（今山西省永濟縣），一說為長樂信都（今河北省冀縣）人。曾欲前往少林寺向法如禪師學習，然而未抵達師已寂，後轉往玉泉寺謁見神秀，師事六年，神秀「盡以其道授焉」。後來神秀赴洛陽為國師，唐中宗下令普寂代神秀統其僧眾。神秀圓寂後，普寂成為帝師，「天下好釋者咸師事之」；其被召至長安時，王公大臣競相前往禮謁，足見其地位。謚號「大照禪師」。

無遮大會

無遮，即周遍、無遮止限制之意。無遮大會指的是不分善惡、貴賤、僧俗，眾人一律平等的大會齋。

虛雲老和尚初抵南華禪寺，走過曹溪門時作詩讚云：

南柯一夢到曹溪，天涯窮子今來歸；今日有無權且置，呼為明鏡尚成非。
黃梅夜半傳衣鉢，堂堂千古放光輝；入室兒孫誰繼武，燈燈相續顯靈威。

惠能所傳的頓教法門，在唐代達到了「凡言禪皆本曹溪」（語出柳宗元〈賜謚大鑑禪師碑〉）的盛況，在其身後蓬勃發展，出現「一花開五葉」的南禪五家，深遠地影響跨越一千三百多年的今日，繼續光耀後世。

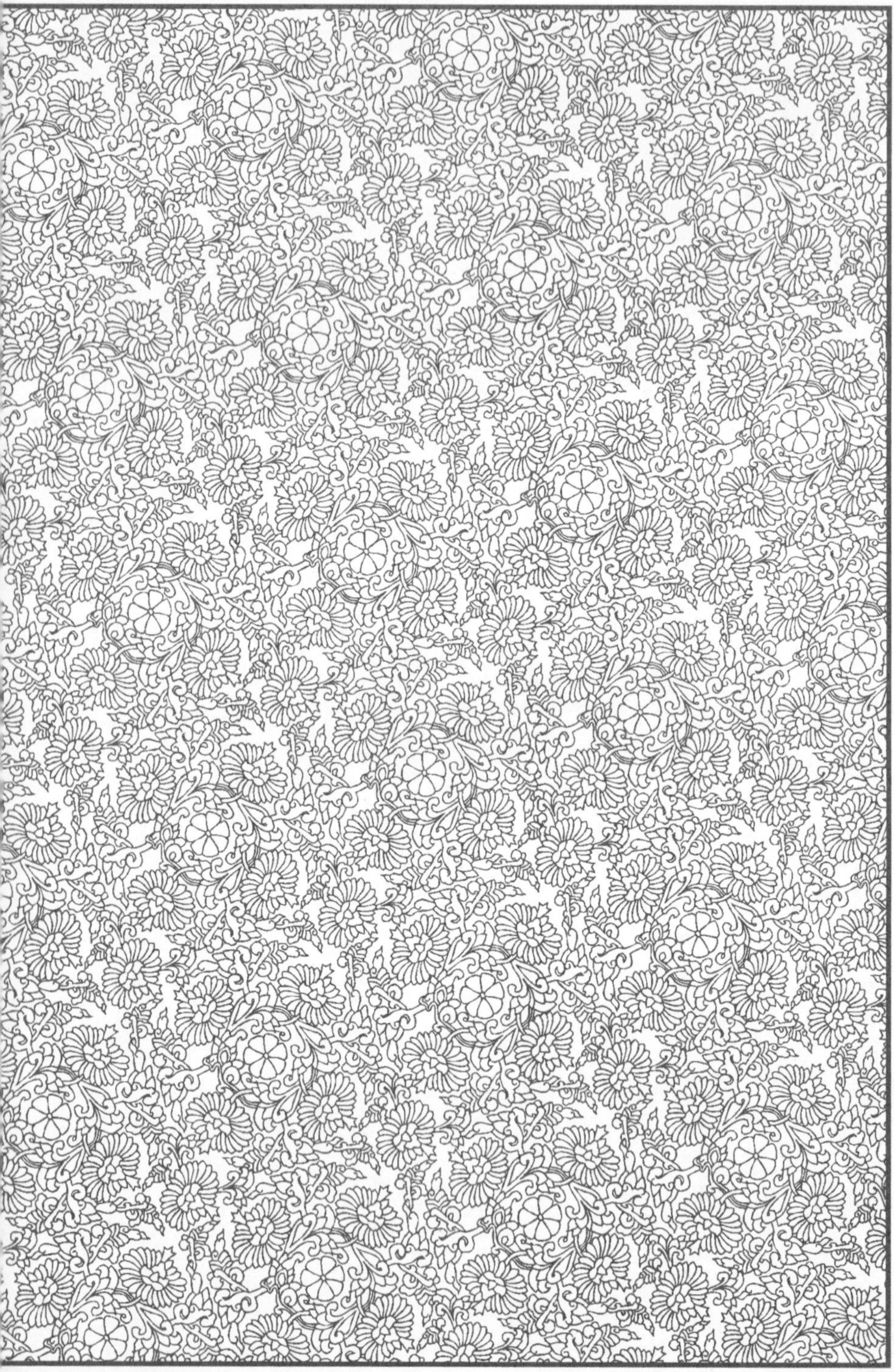

影響

壹・惠能的主要思想

迷人修福不修道，只言修福便是道；
布施供養福無邊，心中三惡元來造。
擬將修福欲滅罪，後世得福罪還在；
但向心中除罪緣，名自性中真懺悔。

惠能被視為中國禪宗史上重要的開創者；他生於佛風極盛的初唐，得到弘忍密受心印之後，取代神秀成為達摩之下的嫡傳「六祖」。

惠能認為萬法都在自心之中；在《壇經》裡，「自性」是最核心的思想，有時候以性、本性、真如、法性、佛性等呈現；對惠能來說，都是相通於「自性」的概念。

無念為宗，無相為體，無住為本

「自性」在惠能的禪學思想中，亦有與「心」相通的用法，亦即真心、本心。惠能強調認識自己的本心本性，才是正確的修行方法。惠能說：

本來正教，無有頓漸；人性自有利鈍，迷人漸修，悟人頓契。自識本心，自見本性，既無差別，所以立頓漸之假名。

合於佛理的正確教法，其實是沒有頓、漸之分。之所以會有頓、漸之別，是因為每個人秉性不相同，對於佛法的領悟有利鈍，一時難以領會的人須漸次修習，悟性較高者則能於當下心領神會，契入佛理。就自識本心、自見本性而言，則根器不同的利、鈍之人都是一樣，並無差別；所謂的「頓悟」和「漸修」，只是基於修行歷程上方便說明的假名施設。

惠能又說：

我此法門，從上以來，先立無念為宗，無相為體，無住為本。無相者，於相而離相；無念者，於念而無念；無住者，人之本性。

這是惠能的重要思想，也是修行實踐的原則。這裡所謂的「無」，不是什麼都沒有、什麼都不存在的空無，這樣的認定是「斷見」，是佛法認為的錯謬見解。

斷見

梵語 uccheda-drṣti，與「常見」（梵語 nityadrṣti śāśvatadrṣti）並稱。「常見」觀點認為，人的自我是永恆不變的存在；死了之後，即便身體毀壞，仍有自我繼續存在。「斷見」則認為世間任何表現都是無因無果，皆偶然發生，而且生命就只有一輩子，死亡之後什麼都不復存在。

惠能所說的「無」是否定的意思，指的是「不要」或「不是」。所謂「無相」，就是面對是非、善惡、好壞等差別相，世間的各種表相收入眼簾，我們都可以明辨這些表相的根本，而不是僅執取於表面的樣貌，進而產生貪求或厭斥等情緒，才能超然脫離。

而「無念」，並不是什麼念頭都沒有，而是念頭一生起時，不要對心念執著，要能超越這些念頭。至於「無住」，則是人人本有的佛性；因為，能清楚地映照萬變的世間，都是本於空性、因緣而不斷變化，不被任何情況限制、綑綁而定住，才能安住於佛性本然的狀態。

在世間的善惡、好醜，乃至於冤親，以及常見的言語矛盾、衝突、欺侮和爭執時，都要把這些看作是空的、是虛妄不實的，不要想著去報仇。我們無時無刻都會有各種念頭的產生，心念發生後，就使其遷徙流動，不要固執於那些曾經生起的念頭。

如果總是留念過去、執著當下、老想著未來，念頭一個接一個相續不間斷，這就是「繫縛」。如果能對於包羅萬象又變化無窮的境相，能做到心不著相，念念不住，那就是「無縛」。這就是惠能說的「無住為本」。

從常人的眼光來看，世間中的事物，是充滿區別的，例如大小、是非、善惡等，千差萬別的一切事物都有名相。惠能認為，能超脫外在一切虛妄不實的名相，就是「無相」；能做到離於相，便能法體清淨。這就是惠能說的「無相為體」。

許多錯解佛經的人，都認為「無念」就是斷絕一切心念，沒有任何心理活動，惠能特別指出這樣的見解是個不折不扣的錯誤。「無念」並不是指人不要有任何念頭，而是要跟隨「無住」的根本，在眼、耳、鼻、舌、身、意等所感覺到的諸色、聲、香、味、觸、法等諸境上，不沾染心念；在一切境上不染，從念上離境。所以惠能「立無念為宗」。

為什麼要立「無念」為宗旨呢？因為惠能觀察到：「只緣口說見性，迷人於境上有念，念上便起邪見，一切塵勞妄想，從此而生。」許多人都只在口頭上說領悟了佛性，仍陷於無明而愚癡迷惑的人卻對於境相有執念，在這些執念上便會生起邪見，一切的塵勞、妄想也就伴隨而生了。「自性本無一法可得」，佛性是本自具有、即心自性，並非可由外在尋覓或取得的。如果誤以為自性能向外求，以為有所得，便因此妄說禍福之事，那就是塵勞邪見。所以，惠能所傳的法門，確立無念為宗旨。

而惠能所說的「無」是指無何事呢？「念」又是念何物呢？所謂「無」，就是「無二相」，否定「二相」，意謂對於世間種種對立的名相不要執著，不要有塵勞之心；所謂「念」，就是觀照自己的真如本性；真如是心念的本體，心念是真如的作用，在真如自性中生起正念。這裡的「念」，指的並不只是透過眼睛、鼻子、舌頭等感官所產生的意念與分別認識，而是包括透過觀照自己本有的真如之性所生起的所有心念。人應該要排除追求外境的感官之念，而以真如知性的心念去覺察萬事萬物，才不會將心念都繫縛於外境之上，以至於不可自拔。

惠能思想的核心是確立在這「三無」之中；透過三無，他非常強調「自性」的作用：「真如自性起念，六根雖有見聞覺知，不染萬境，而真性常自在。」從自性真如中所生起的心念，讓眼、耳、鼻、舌、身、意等六根，雖然會因為看到、聽到、接觸而接收訊息（境）有所感覺，卻不會被外境雜染，人本有的真性也自本自根地存在。

惠能同時引用《維摩詰經》闡釋此義：「這就是《維摩詰經》上所說的『能善分別諸法相，於第一義而不動。』」佛性的自在，能讓我們在面對世間千差萬別的諸法相上，可以觀察、分辨，知道一切法皆是真如的顯現，對於自身的佛性便能生起堅定的信心。

定慧一體

惠能並不拘泥固守外在形式或戒律，而是著重內在的真實修為，對原有的佛經義理進行了深入淺出的詮釋與實踐，以頓悟和自性引導大家走上正確的佛道。

在佛教的基本思想裡，戒、定、慧三學有一定入手的順序，從《楞嚴經》所說：「攝心為戒，因戒生定，因定發慧，是則名為三無漏學。」可以看出三者循序漸進的關係。

曹溪法門的根本，也是以「定．慧」為體。惠能認為，定與慧是統一的整體，在修行過程中不能分別為之：

我此法門，以定慧為本。大眾勿迷，言定慧別；定慧一體，不是二。

惠能講述的頓教法門，是以「禪定」、「智慧」作為根本。傳統佛學亦將其視為「止」與「觀」，並認為兩者有所區別，如《大乘義章》云：「守心住緣，離於亂為『止』；止心不亂，故復名『定』。於法惟求簡擇名『觀』，觀達稱『慧』。」惠能則認為兩者沒有差別，是一體兩面的；因為，禪定是智慧的本體，智慧是禪定的發用。當般若智慧作用時，其中亦有禪定；當進入禪定的時候，也伴隨著般若智慧的發用。若能明白這其中的真義，就能瞭解「定慧等學」。

惠能提醒求道之人：「莫言先定發慧，先慧發定，各別；作此見者，法有二相。」學習佛理的人千萬不能認為須進入禪定後才會有般若智慧，也不能以為先有般若智慧才能進入禪定；要是抱持著把「定」和「慧」區別開來的見解，便是認為佛法有二相。就像是口中說著好話，心裡卻想著不好的念頭；空有定、慧的名稱，卻沒有認識到定、慧乃是一體、互相關聯的；這就好比若是心裡想的和嘴上說的都是善的，不論內心或外在都能顯示佛性，定、慧之一體亦然。

領悟和修行佛法不在於爭論是非；如果總是在口舌上做是非爭論，那就和迷妄的人一樣，持續不間斷的爭論勝敗輸贏。對於定、慧的執著，反而增添了「我法」的煩惱，離不開「四相」，就無法修成菩薩聖果。

止觀

「止」的梵文為 śamatha，音譯是「奢摩他」；「觀」的梵文為 vipaśyanā，音譯為「毗婆舍那」。

佛教中以戒、定、慧三學作為解脫的三種修行，稱為「三無漏學」。「戒」指戒律（梵文為 sīla），「定」即禪定，「慧」則指智慧。定慧的實踐為止觀；「止」是心中平靜不受擾亂，相當於禪定的修行方法；「觀」是能透過無常（非常）、空、苦及無我（非我）等來觀察本性真實，亦即用智慧觀照世間萬物。惠能認為定慧不能分開，故曰「定慧一體，止觀不二」。

我法

即「人我執」與「法我執」。「人我執」又稱為「人執」，執著於認為有一個真實存在的我。《阿毗達磨俱舍論・卷二九》：「由我執力，諸煩惱生，三有輪迴，無容解脫。」「法我執」又稱為「法執」，即認為一切法都是實有而執持之，對於存在諸法有錯誤的知見。《大乘入楞伽經・卷七・偈頌品第十之二》：「悟心無境界，則離於法執。」

四相

即「我相」、「人相」、「眾生相」和「壽者相」，佛教認為這是四種錯誤的觀念。

「我相」指執著於認為有一個真實存在的自我；

「人相」認為自我與其他眾生不同，嚴格地區分自我與他人之間的差別，認為每個人都是獨立的個體；

「眾生相」與人相相似，認為眾生都是獨立的個體，包括人與動物等六道眾生在內，都是不可改變的；

「壽者相」指執著於自己壽命的長短，認為眾生是依據壽命長短而區分。

《金剛經》有言：「若菩薩有我相、人相、眾生相、壽者相，即非菩薩。」

惠能進一步以燈光來比喻禪定和般若智慧的關係：有了燈便有了光亮，沒有燈便昏暗不明，他說「燈是光之體，光是燈之用」。雖然從名稱上面看來，「燈」、「光」是二個不同的詞，但它們是無法分開的整體，就像一個人的行為是依據人體的動作而產生一樣，惠能所說的定慧法門，正是這樣的道理。這番說法，對於後世討論體用關係，有著重大的影響。

直心是道場

佛法不離世間修，惠能認為，所謂的「一行三昧」，就是在一切行、住、坐、臥都要保持本心。

一行三昧，梵文為 ekavyūha-samādhi，又稱「一相三昧」或「真如三昧」，指心專於一、安住於一處的禪定境界。《文殊師利所說摩訶般若波羅蜜經．卷下》：「法界一相，繫緣法界，是名『一行三昧』。」

他以《淨名經》（《維摩詰所說經》）來為眾人說明：「直心是道場，直心是淨土。」一顆樸實正直的自然本心，就是成佛的道場，也是佛國淨土。不能只是在口頭上說著本心，但行為卻歪曲偏邪；總說著「一行三昧」，卻不用正直的自然本心去行事。我們要遵循直心來行事，對一切萬行不要執著。迷妄的人對於世間萬物的法相充滿執念，執著於「一行三昧」的名稱，然後說常坐不動、不起妄心就是「一行三昧」。惠能認為，如果依照那樣去解釋，「一行三昧」的境界，就和石頭、草木等無情感意識之物沒有區別，這樣的邪見會阻礙修行。

所以，惠能說：「道須流通，何以卻滯？」「道」是通達自在而無障隔的，怎麼會是凝滯不通的呢？惠能認為內心不要執著於法相，道就能通流；假若心裡對事物充滿執著，那就是自己將自己綑綁、約束起來，也就是「自縛」。如果以為「一行三昧」只是坐著不動，那就像是舍利弗在林間靜坐，而受到維摩詰斥責。

當時許多人在指導他人學習禪定的時候，強調以「看心靜觀，不動不起」來修證佛法。然而，許多迷妄的人未能領會「一行三昧」的真諦，只是執著於坐禪的表相，以為身體不動地坐著就是進入禪定，殊不知這便顛倒了是非，而且這樣的人越來越多，即便到了今日仍不乏這樣的情況。惠能認為，若是用這樣的方式去引導別人，將會造成大錯。足見惠能帶給世人的洞見。

《淨名經》與舍利弗

舍利弗，梵名 Śāriputra，為佛陀十大弟子之一，為「智慧第一」的大阿羅漢。維摩詰，梵名 Vimala-kīrti，意為「淨名」、「無垢稱」，為佛陀時代的修行者，其身分為在家居士，是在家眾的典範。

《淨名經》即《維摩詰所說經》，為大乘佛教經典之一，以維摩詰菩薩為主角，充滿智慧的譬喻及問答。這部經典也影響了禪宗法門，許多禪宗公案典故皆出於此，例如「一默如雷」、「天女散花」等。

舍利弗在林間靜坐，受到維摩詰斥責，來自《維摩詰經．弟子品》中所載。舍利弗提起他受到維摩詰居士開導的一段：

憶念我昔，曾於林中宴坐樹下，時，維摩詰來謂我言：「唯，舍利弗！不必是坐，為宴坐也；夫宴坐者，不於三界現身意，是為宴坐；不起滅定而現諸威儀，是為宴坐；不捨道法而現凡夫事，是為宴坐；心不住內亦不在外，是為宴坐；於諸見不動，而修行三十七道品，是為宴坐；不斷煩惱而入涅槃，是為宴坐；若能如是坐者，佛所印可。」

經中所說的「宴坐」即「禪坐」、「禪定」的意思。維摩詰居士教導舍利弗，佛陀所認可的禪坐，是以人身或其他眾生的形象在三界中出現，表面上看起來是在經歷生死輪迴等各種煩惱，但實際上是不斷地修行「三十七道品」等法門，卻也處於寂靜安坐的狀態，而不是脫離這個世間，另外有與世隔絕的禪坐。

外離相為禪，內不亂為定

對於修行禪定，惠能開示了其他禪師未能闡發的道理：

此門坐禪，元不看心，亦不看淨，亦不是不動。若言看心，心原是妄；知心如幻，故無所看也。若言看淨，人心本淨；由妄念故，蓋覆真如。

頓教法門的坐禪，是不執著於「心」和「淨」的，也不是那種一直坐著而不動、不起身的方式。如果說坐禪要看「心」；然而，認為有個實際的「心」這樣的想法，本來就是虛妄、不真實的；用這樣虛妄、不真實的想法去看「心」，「心」還有什麼好看的呢？由頓教法門言之，認為「有個心可以看」的這個動作是虛幻的，所以不會執著於觀看心這個動作上。

另一方面從「淨」來看，如果說坐禪是要看「淨」，但人自身的本性原本就是清淨的，只是受到妄念遮蔽了心性的本來清淨；所以，只要沒有妄想，本性自然清淨，何須將「淨」當成對象去看呢？刻意去追求看「淨」，這樣的執著反而將生起虛妄的淨念，以為「淨」是一個可以追求的對象。

一般人的起心動念是沒有定所的，隨時都在散亂飄忽；同樣地，妄想也沒有確定的處所。既然「妄無處所」卻要作出「觀看」的動作，這樣的追求和執著正是一種虛妄不實的表現。

「淨」是無形無相的，卻有人想去追求「淨」的形態，把「淨」當成是觀看的對象；有這般見解的人，殊不知會因而屏障了本自具有的清淨之性，誤解了心性本來就是清淨的意義，反而為了追求清淨而生起虛妄不實的心念，被「淨」給束縛了。

那麼，真正的禪定要怎麼修呢？惠能提醒大家：

若修不動者，但見一切人時，不見人之是非、善惡、過患，即是自性不動。

也就是說，修習禪定不動工夫的人，只要在任何時候對待任何人，都不要執著於人的是非對錯、善惡好壞、過失憂患，這就是自性不動；也就是說，無論他人如何表現，即便我們身處於其中，與他人相處接待，都不受他人的影響而撼動。

許多迷妄的人，雖然常坐不動，但一開口就任意地說別人的是非、長短、好惡，這樣的行為是與佛道悖離的。因為，這麼隨風起浪之後，也就不斷地以他人為對象去批評，而不是以他人的表現來映照自己的心性。同樣的道理，追求看心、看淨，將心、淨當成對象去看，那樣的作法也會障道。

在頓教法門中的「坐禪」，是無障無礙的：

外於一切善惡境界心念不起，名為「坐」；內見自性不動，名為「禪」。

什麼叫做禪定呢？惠能說：「外離相為禪，內不亂則定」，意指能超脫外在的一切諸相不執著就是「禪」，內心的自性不迷妄混亂就是「定」。因為，對外超脫了境相，內心自然就會定、就不會亂。

人的本性是自淨自定的，只是因為受到世俗種種淨相的干擾；若能見到那些紛亂的色、聲、香、味、觸等諸境而不被干擾，心裡不亂，就是真正的禪定。

《菩薩戒經》也是這麼說：「本性元自清淨」，在每一個起心動念之中，都要能觀照自己原有的清淨本性，自己去修行與實踐，自然就能成就佛道。

《菩薩戒經》

全名為《梵網經盧舍那佛說菩薩心地戒品》，又稱《佛說梵網經》，相傳為鳩摩羅什所譯。上卷為佛陀於第四禪天接引大眾，歸於華藏世界的紫金剛光明宮中，見到盧舍那佛，向其請問菩薩的行因，盧舍那佛廣說十發趣心、十長養心、十金剛心等三十心，以及十地等四十法門。下卷論及菩薩戒，列舉十重禁戒、四十八輕戒，係釋迦佛在娑婆世界閻浮提的菩提樹下所揭示。

《梵網經》被認為是大乘律的第一經典，內容不同於小乘律，以自覺佛性為特色，主張眾生依循共通之戒，沒有出家、在家的區別。

惠能在年少時曾行經樂昌縣，向西山石窟的智遠師父學習坐禪；因為常坐著不動不起，便發覺自己所學只是空坐。禪定是禪宗的重要修行方法；對於坐禪習定，惠能不採取拘泥於形式與身體行為的空坐，直解佛經禪定觀念。他對「看心」、「看淨」等禪法提出批評，認為佛性本自具足，倡導直心和頓悟，反對拘心觀淨的坐禪。

受戒說法，不離自性

在佛教相關儀式的傳授上，惠能都是不離自性而說。他看到當時從廣州、韶州而來的四方士人與百姓，全都蜂擁聚集到曹溪，深知大眾對於修行佛道的渴求；然而，真正的佛法並不是向外就能求取到的，所以他要求信眾們認識自性，才能體悟佛性本有的真諦。

在《壇經・懺悔品第六》中，記錄了惠能傳授的六項儀式；在這些受戒說法中，惠能要求人們認識、皈依本自具有的佛性。

一、傳自性五分法身香

佛教將戒、定、慧、解脫、解脫知見這五種法的成就，稱為「五分法身」；而惠能將五者加上自性，強調修行佛法必須從自性而起。惠能說：

此事須從自性中起，於一切時，念念自淨其心，自修其行。見自己法身，見自心佛，自度自戒。

他並傳授眾人「自性五分法身香」——

戒香：心中沒有為非做壞的心念、沒有惡念的動機、沒有嫉妒之心、沒有貪欲瞋怒、沒有搶劫傷害眾生之心。

定香：看到種種善惡的境相，內心不受雜染。

慧香：心中無礙，常用智慧來觀照自性，不造惡業；尊敬長上、憐愛弱小、矜憐撫恤貧寒無依的人，雖然修行了眾多善事，但心裡不執著，這就是慧香。

解脫香：自心沒有攀緣，不思善，不思惡，自在無礙。

解脫知見香：自心無所攀緣善惡，亦不是因此就執著守著空寂，什麼也不做；必須要廣泛學習、多多增長見聞，認識自己的本心，通曉種種佛理。與人交際和光同塵，沒有人我之間的執著區別；直到進入菩提境界，也保持真如自性不變，這就是解脫知見香。

惠能提醒大家，應該點燃自心中的戒、定、慧、解脫及解脫知見，用這五分法身香的香氣內熏，來修養自性，而不是向外尋找。雖說是香氣，但不是感官上的香味，而是形容：藉由智慧的通達開悟，將自性彰顯出來，這過程就彷若香氣圍繞自身之後，又從通體散發而出。

二、授無相懺悔

惠能接著傳授「無相懺悔」，來消除過去、現在和未來的三世罪過，令眾人藉此得到三業清淨，永不再犯。他讓在場的弟子與信眾一起念誦：

弟子等，從前念、今念及後念，念念不被愚迷染，從前所有惡業愚迷等罪，悉皆懺悔，願一時消滅，永不復起。

弟子等，從前念、今念及後念，念念不被憍誑染，從前所有惡業憍誑等罪，悉皆懺悔，願一時消滅，永不復起。

弟子等，從前念、今念及後念，念念不被嫉妒染，從前所有惡業嫉妒等罪，悉皆懺悔，願一時消滅，永不復起。

這段文字就是惠能傳授的「無相懺悔法」，懺悔祈求寬恕過去種種惡劣的行為造作，包含無知迷妄、驕傲狂妄以及嫉妒心等惡業，希望能頃刻消滅，並且永不再犯；不論是過去、現在以及未來的心念，都要全部懺悔。所謂「懺」，就是懺其前愆；所謂「悔」，就是悔其後過。

三業

梵文為trīṇi karmāṇi，即身業（梵文kāya-karman）、語業（又稱口業，梵文vāk-karman）與意業（梵文manas-karman），表示身體、語言文字、心態表現等三種行為。

三業清淨即是身行清淨、口言真誠及意專向道。

世俗的凡夫愚昧癡迷，只知道祈求他人寬恕自己從前的過錯，而不知自己亦應彌補，並使過錯不再犯。由此而言，未來可能產生的過錯，在前一個階段就先遏止，避免其萌芽茁壯；否則，只是祈求寬恕而不徹底根除，先前犯過的錯還沒消除，後錯又產生了，這樣怎能算是懺悔呢？徹底的懺悔，應當是將從前犯過的錯誤消除之後，使未來可能犯錯的惡念也不再生起。

三、自性自度：立四弘誓願

信眾們懺悔之後，惠能接著帶大家立下四條弘誓大願：

自心眾生無邊誓願度，自心煩惱無邊誓願斷，

自性法門無盡誓願學，自性無上佛道誓願成！

這「四弘誓願」就是從初發心學道時，觀察到苦、集、滅、道等四諦境，立誓發願以堅定信心，並透過朝向達成四大願望的過程來成就佛道。惠能在每一條誓願前面加上自性或自心，可以看出惠能的中心思想不離自性；他認為必須靠著自性（佛性）度脫，才是真正得度。

大家豈不道「眾生無邊誓願度」？恁麼道，且不是惠能度。善知識！心中眾生，所謂邪迷心、狂妄心、不善心、嫉妒心、惡毒心，如是等心，盡是眾生；各須自性自度，是名真度。

惠能告訴信眾，大家心中的邪迷心、狂妄心、不善心、嫉妒心、惡毒心等或是類似於這些的心念，這就是「眾生」；必須要靠我們用自己本身的佛性去度脫，才是真度。

其實，身為人還算是容易的。想想貓狗之類的牲畜，爭寵於主人的疼愛，或是對於飲食極度的貪愛與執著，都是不可自拔的；若要明心見性，遠比人們困難許多。所以，我們都應該好好珍惜並培養這能夠自度、自學的條件。

什麼叫做自性自度呢？自性自度就是把心中有著邪見、煩惱、愚癡等眾生，用正確的見解與主張去度脫；既然有了正見，就能用般若智慧打破愚癡、迷妄眾生的對人的限制和束縛，我們每個人都能「各各自度」。邪見來時用正見去度，迷妄來時用覺悟去度，癡愚來時用智慧去度，罪惡來時用善念去度；要如此這般自度，才是真度。

誓願中又說「煩惱無邊誓願斷」，就是要用自性般若的智慧去除去虛妄的想法，才能將無邊無際的煩惱真正地斷除。

至於「法門無盡誓願學」，則必須先自見性，永久奉行真正的佛法，這才是真正的「學」。佛教的修行法門眾多，如果不掌握根本的道理，只會像無頭蒼蠅四處亂竄；看到各種修行法門，若不是慌張不已，就是隨意亂修習，最終無一可成。

至於「無上佛道誓願成」則是說，要用恭敬謙遜的心行於正道，發揮長久無盡的願力，以成佛為目標；即便成佛了，也要不斷維持，使不退轉。如此發願之後，要切記自己既已離開迷惑於世間的階段，也不能自認為是覺悟的高人；必須遠離自以為是的態度，否則也是一種執著的表現。

如此一來，能時時生出般若智慧之心，超越真實、超越虛妄，就能立刻見到佛性，當下便成就佛道！要遵照四弘誓願來修行，這就是憑著願心力量（即願力法）來成就佛道的方法。

四弘誓願

謂菩薩從初發心，觀苦、集、滅、道四諦境，所發起的四個宏大心願，依序是：

一、未度者令度，即「眾生無邊誓願度」，此觀苦諦境；

二、未解者令解，即「煩惱無數誓願斷」，此觀集諦境；

三、未安者令安，即「法門無量誓願學」，此觀滅諦境；

四、未得涅槃者令得涅槃，即「佛道無上誓願成」，此觀道諦境。

四、自性三寶：授無相三歸（皈）依戒

發了四弘誓願後，惠能接著為眾人講授無相三歸依戒：

歸依「覺」，兩足尊；

歸依「正」，離欲尊；

歸依「淨」，眾中尊。

意即歸依於覺悟，便能成為福、慧兩足的至尊；歸依於正法，就能成為離覺欲界的至尊；歸依於清淨，便能成為受眾人推崇的至尊。從今往後，要稱「覺」為師，不要再依附於邪魔外道，要用自己自性本有的三寶來得證佛性。

惠能又勸信眾們歸依「自性三寶」。自性三寶是依據三歸依延伸而來；除了歸依佛、法、僧三寶之外，惠能更為重視對應三寶的「覺」、「正」與「淨」。自性三寶中的「佛寶」就是「覺」，亦即覺悟；只要本心歸於覺悟，就不會產生邪見迷妄，便能減少欲望而知足，脫離財貨色相，所以能成為福、慧兩足的至尊。

其中的「法寶」指的是「正」，也就是正念、正道；若能如此，則每個念頭都沒有邪見；因為無邪見的緣故，也就沒有人我、貢高、貪愛、執著這些欲望，所以能成為離覺欲界的至尊。

至於自性三寶中的「僧寶」則對應於「淨」，意指本性清淨，不論一切塵勞、任何的愛欲境界，自性都不會沾染，所以是眾人崇敬的至尊。

總地來說，這些修行便可稱之為「自歸依」。

三歸（皈）依

梵文 tri-śaraṇa-gamana，又作三歸、三皈依，意即投靠、歸信佛、法、僧三寶。三皈依是在家居士初入佛道成為佛教徒必經的受戒儀式，為了解脫煩惱、永脫一切苦，所以歸依佛、歸依法、歸依僧。《長阿含經》卷一五：「我今重再三歸依佛、法、聖眾，願佛聽我於正法中為優婆塞。」

兩足尊

梵名 Dvipadottama，為佛的尊號。「兩足」的本義是用來指稱人：而佛在有情中最為尊貴，福、慧都是圓滿具足的，故稱兩足尊。另外，兩足也指戒、定等功德皆備。

惠能將原本較為具體的佛、法、僧三寶，以抽象的覺、正、淨加以解說，重視根本與精神層面的意義，旨在告訴眾人，許多人依循的準繩都必須要有一定的形象或外在形式，那些也都是虛妄的，要大家真實地去面對自己的自心自性。

他特別舉出凡夫用錯了心思，無法體會自性的真如，即便是受了三歸戒，卻成了妄語：

凡夫不會，從日至夜，受三歸戒。若言歸依佛，佛在何處？若不見佛，憑所何歸？言卻成妄。

凡夫不能領會自性三寶的妙義，從早到晚只是透過外在形式去接受三歸依，脫離了自性去說歸依佛，那麼佛在哪裡？假若見不到佛，要隨何處歸依呢？於是，許多人以為，每天看到佛像就是見佛、歸依佛了，這都是因其不了解佛法的根本是在於體認自性，而導致歸依變成虛假的妄語！

五、三身佛從自性生：說一體三身自性佛

既然已經歸依了自性三寶，惠能接著說「一體三身自性佛」，讓大家可以見到自性三身，清楚地明白自性自悟：

於自色身歸依清淨法身佛，
於自色身歸依圓滿報身佛，
於自色身歸依千百億化身佛！

三身

大乘佛教謂佛身有法身、報身和化身等三身。「身」是聚集之義，意謂聚集諸法而成身。

「法身」指一切現象的真實性，也稱為「自性身」；「報身」指佛淨土世界中的佛身，也稱為「食身」、「受用身」、「應身」。「化身」為教化利益凡夫眾生而現出的形象，如釋迦牟尼佛，也稱為「變化身」。

《大乘法苑義林章》卷七：「依世俗諦隨機所現說有三身，法身空理，報身空智，利物所現名變化身。」惠能則認為三身佛是從自性出，人的自性中本具三身。

有別於一般人對於佛教教義的解讀，惠能強調三身佛是在自性之中，而不是外在信奉的對象，所以他說：「色身是舍宅，不可言歸。向者三身佛，在自性中，世人總有，為自心迷，不見內性。」我們有形的血肉身軀猶如暫借住的屋宅；因為只是暫住的，所以不足以成為歸依的對象。三身佛都是在我們自性之中，是世界上每個人都具備的，只是因為內心被無明迷惑了，所以不能見到本有的自性，總是向外尋尋覓覓，卻看不到自身中有這三身佛，而且是由自性所生：「此三身佛，從自性生，不從外得。」

首先，什麼叫做「清淨法身佛」呢？惠能說：

世人性本清淨，萬法從自性生。思量一切惡事，即生惡行；思量一切善事，即生善行。如是諸法在自性中，如天常青，日月常明；為浮雲覆蓋，上明下暗；忽遇風吹雲散，上下俱明，萬象皆現。世人性常浮游，如彼天雲。

世人的心性本來是清淨無雜染的，萬法都是從自性而生。如果心中思量一切惡事，就會產生惡行；如果心中思量一切善事，就會產生善行。一切諸法都在自性中，就好似天空常清、日月常明，只是因為被浮雲遮蓋住了，形成天上明亮地下陰暗的現象。遇到清風吹拂時，便將浮雲吹散，天空、地面上下全明，森羅萬象便清楚地顯現出來。世人的心性浮游不定的，就像天空時常出現的浮雲一般。

也就是說，人的自性如天之常青、日月常明；如果滯著於塵境，被種種煩惱、邪見的浮雲給遮蓋，自性便因此不得明朗。若是遇到能引發向上、增善去惡乃至證悟成佛的善知識，得以聽聞佛法正道，自然就能掃除迷妄，內外光明澄澈，於自性中便宇宙萬法一一顯現。見性之人就是如此，所以稱為「清淨法身佛」。

自心歸依自性，就是歸依真佛。所謂「自歸依」，就是除卻心中的不善心、嫉妒心、諂曲心、吾我心、誑妄心、輕人心、慢他心、邪見心、貢高心，以及任何時候所有不善的行為；經常反省自己的過失，不說他人的是非，這就是自歸依。

要常懷謙下之心，對任何人都要恭敬，這就是了悟自己的本性，通達無礙，這就是自歸依。

透過生動的比喻，惠能點出清淨法身佛與個人生命、心態之間的關係，是不能夠用二分的方式來看的，亦沒有什麼事情是外在於我們個人；不論看到、聽到什麼，都要當做助成修行的資糧，才能不斷進步。

其次，什麼是「圓滿報身」？惠能是這樣比喻的：「一燈能除千年暗，一智能滅萬年愚。」這裡的「燈」就像是般若智慧，能破除千年以來世俗的昏昧迷闇，佛智可以滅除萬年積累的愚癡。

惠能提醒我們：「莫思向前，已過不可得；常思於後，念念圓明，自見本性。」不要思量以前的事，過去的事是無法重複、不可再現的；要經常思量現今與以後的行為，在每一心念間都圓融明澈，自然就能見到真如的本性。

而善惡在表象上雖然不同，但本性上並無二致；這無二之性，就叫做「實性」。在實性中，不沾染世間的善惡，以圓滿的狀態呈現，這就叫做「圓滿報身佛」。自性若是生起一念之惡，便能消滅萬劫以來所修的善因；自性若是生起一念之善，便可滅盡如恆河沙般不可計數的惡業，直到成就無上菩提，念念之間都能自見本性，不失自性本有的心念，這就叫做「報身」。

第三，什麼是「千百億化身佛」呢？惠能說：

若不思萬法，性本如空；一念思量，名為變化。思量惡事，化為地獄；思量善事，化為天堂。

如果不對於世間的萬事萬物生起念頭，則人的自性就如同虛空一般，風平浪靜，可以容納一切；一旦有了一念的思量，就會有所變化，生成各式各樣的想法、念頭、分別、判斷。若是想行惡事，內心就變化成地獄；若是想行善事，內心就變化成為天堂。生起毒害之心，就會變化成為害眾生的龍蛇；生起慈悲之心，就會變化成為救苦救難菩薩。自性流露般若智慧時，就會現出上界諸天的境界；自性愚癡迷妄時，就會現出地獄、惡鬼、畜生下方三途的境界。

自性可生出的變化非常多，迷惑的人不能省覺，念念生起惡心，所以在三惡道中輪迴。只要能回轉一念生起善心，般若智慧便會生出，這就叫做「自性化身佛」。自性可以生出各種不同的變化；因此，只要有一個念頭改變，就會朝向迥異的結果，每個人的生命歷程因而千變萬化。

法身是我們每個人本來就具足的；念念得見自性，就是「報身佛」；從報身上中產生般若智慧，就是「化身佛」；能夠自己覺悟、自己修行來證得自性功德，這就是「真歸依」。我們的肉身雖只是色身，但只要了悟自性中本具的法身、報身和化身，這就是認識了「自性佛」。

六、依此修行，言下見性：傳〈無相頌〉

在《壇經．懺悔品第六》的最末，惠能傳授一首〈無相頌〉。〈無相頌〉又叫做〈滅罪頌〉，透過持誦能將累劫多生因為迷妄造成的罪，在當下就消滅。

偈頌是這麼說的：

迷人修福不修道，只言修福便是道；布施供養福無邊，心中三惡元來造。
擬將修福欲滅罪，後世得福罪還在；但向心中除罪緣，名自性中真懺悔。
忽悟大乘真懺悔，除邪行正即無罪；學道常於自性觀，即與諸佛同一類。
吾祖唯傳此頓法，普願見性同一體；若欲當來覓法身，離諸法相心中洗。
努力自見莫悠悠，後念忽絕一世休；若悟大乘得見性，虔敬合掌志心求。

〈無相頌〉告訴眾人的道理，就是要好好地修行正確的佛道，洞徹了知自己的本性，在懺悔以往的過錯時，才能確實地悔改；而不是迷失了方向，逕往人世間的福德享樂去追求，以為一般的享樂就是佛法的真義。

當大家正向佛道之後，還要知道，連佛道也不能執著，不要以為有個實體、實質的佛法樣貌等著我們去追求、獲得，而是往內挖掘到本性，將自己修行的成果由內而外地顯現出來。

三科法門與三十六對法

在《壇經．囑咐品第十》中，提到惠能在臨終前對弟子的說法，以三科法門列於首位。三科法門的目的，是要破除我執，建立無我。

所謂三科法門，指的是陰、界、入三個科目。「陰」是五陰，也就是色、受、想、行、識等五蘊（又稱五受陰、五受蘊）；「入」是十二入處，包含六外入處，指色、聲、香、味、觸、法等六塵，以及眼、耳、鼻、舌、身、意等內六門（六內入處）；「界」是十八界，是六塵、六門、六識因緣和合而成。

自性可以蘊含萬法，因此亦稱為「含藏識」。如果心中生起了思考、分別的活動，那就是「轉識」，會從而產生眼識、耳識、鼻識、舌識、身識和意識這六識，從相應的六根之門走出來，然後去認識到外六塵，這些總共是十八界，都是從自性起用的。

所以，自性如果被邪念障蔽，就會產生十八種錯誤的邪見；自性如果清澈純正，就會產生十八種正見。自性邪惡，表現出來就是世俗眾生的作用；自性慈善，表現出來就是佛的作用。這些作用是什麼在決定的呢？就是「自性」。

含藏識

為阿賴耶識（ālaya-vijñāna）的異名，指的是眾生所有資訊的庫藏，相當於知識、經驗的總記憶體。此識能含藏善惡諸法種子，故又稱為種子識。

理解了三科法門的要義後，惠能接著解說三十六對法。這是他獨創的三十六種相對性概念，對舉之法可以分成「外境無情五對」、「法相語言十二對」，以及「自性起用十九對」，相加起來共是三十六對。相對應的關係是這樣的——

天與地對、日與月對、明與暗對、陰與陽對、水與火對，這些是「外境無情五對」。而語與法對、有與無對、有色與無色對、有相與無相對、有漏與無漏對、色與空對、動與靜對、清與濁對、凡與聖對、僧與俗對、老與少對、大與小對，這些是「法相語言十二對」。

此外，長與短對、邪與正對、癡與慧對、愚與智對、亂與定對、慈與毒對、戒與非對、直與曲對、實與虛對、險與平對、煩惱與菩提對、常與無常對、悲與害對、喜與瞋對、捨與慳對、進與退對、生與滅對、法身與色身對、化身與報身對，這些是「自性起用十九對」。

這三十六對法若是能懂得運用，就可以貫穿一切的經典與佛法，出入應對皆能即脫離兩端的偏見。

外於相離相，內於空離空

惠能教導弟子們，宣教的時候，要遵照中道的原則，不落入兩邊極端。惠能說：

自性動用，共人言語，外於相離相，內於空離空。若全著相，即長邪見；若全執空，即長無明。執空之人有謗經，直言「不用文字」。

和別人談論時，要能自在地運用自性，說法才能適應眾生的根器。對於外在事物既要於了解其樣貌，又不能執著於事物的樣貌，而以為事物皆只是表面所呈現的樣子。同樣地，既要以空認知萬事萬物，又不能認為有個實體的東西叫做空，以免落入兩邊的極端。

一方面，若是完全攀緣在外相上，就會滋長邪見，以為學習外在的事物即可；另一方面，要是完全執著於內在的空為實體，就會助長無明，以為修習佛法可以不用讀經識字，知識完全是無用的。

那些執著於空的人往往會毀謗佛經，以為「傳布佛法不用文字」，這樣的說法是有問題的。他們既然說不需要文字，那麼人們也就用不著用來表達思想的語言了！因為，語言就是文字的一種表現形式。

執空之人又會說：「直接成就佛道，不立文字。」惠能選擇以子之矛攻子之盾：「即此『不立』兩字，亦是文字。」不立這兩個字，也仍然還是文字，本身還是離不開文字啊！那些人看到其他人在講述佛法，就毀謗他人執著於文字，這些都是錯誤的作法。要知道，如果自己因為不識本性而迷惑也就罷了，卻還去毀謗佛經，那是天大的罪過！

因此，惠能強調：

若著相於外，而作法求真，或廣立道場，說有無之過患。如是之人，累劫不可見性。但聽依法修行，又莫百物不思，而於道性窒礙。若聽說不修，令人反生邪念。但依法修行，無住相法施。

若是執著於外相，想修行佛法來獲得真如本性，就算是廣設道場，卻犯了空談有無的過失；像這樣的人，就算是經歷累世累劫也見不到自性的！依照佛法修行，其實不可能完全不用語言文字去思考與理解；應該是藉由語言文字學會解釋、表達之後，再了解到語言文字也只是表意的工具而已，不是佛法的全部。否則，如果學習過程不運用任何語言文字，連自己是否理解佛法都不能清楚地說明，反而會使自己學佛的道路起了障礙，學到什麼內容都不得而知。

相對地，若是光聽講佛法而不修行實踐，不斷斟酌於語言文字表面說明的意義，而不能理解語言文字背後所要傳達的深意，那樣反而會令人生出更多邪見，以為佛法就是依靠語言文字堆砌而成。

所以，惠能更為重視實際修行佛法，宣講佛法而不執著於語言、文字的表相，要弟子們「依此說，依此用，依此行，依此作，即不失本宗」。

在宣講佛教義理的實際應用上，惠能提醒弟子要不落兩邊：

若有人問汝義，問有將無對，問無將有對，問凡以聖對，問聖以凡對；二道相因，生中道義，如一問一對。

如果有人詢問佛法義理，問「有」，就要用「無」來回答；問「無」，則用「有」來應答；問「凡」，以「聖」來回覆，問「聖」，即以「凡」來回應；藉著這種互為因緣又相因相循的概念對應問答，以透顯不住一邊的中道意義。其他的問題依此來實踐，就不會違背佛理了。

惠能進一步以明暗為例舉例：「設有人問：『何名為暗？』答曰：『明是因，暗是緣，明沒則暗。』」設若光明是因，則黑暗是緣；光明消失了，黑暗便會出現。同理，當有人問什麼是光明時，回答就是黑暗是因，光明是緣；不再黑暗時，光明即會出現。光明與黑暗，實為彼此依存，此消則彼現，其他的相對概念亦然。

能如此來去相因，對於兩端對立不執著，能認識互為因緣的關係，方能成就中道之義。

貳・惠能與《壇經》

六祖大師平昔所說之法，皆大乘圓頓之旨，故目之曰「經」。其言近指遠，詞坦義明，誦者各有所獲。

《壇經》是關於惠能登堂說法，度化眾生，以及生平事跡的紀錄。一般認為，《壇經》是韶州刺史韋璩禮請惠能大師前往大梵寺說法時，門人法海予以整理、紀錄而成，是中國佛教典籍中，唯一一部被稱為「經」的作品，也是研究惠能思想的重要根據。之所以稱「壇」，乃是由其開法傳禪的「壇場」而來。

隨著禪宗、特別是南宗的流傳和蓬勃發展，《壇經》也隨之被增補、修訂。據統計，《壇經》的版本高達將近三十種，其中以敦煌本、惠昕本、契嵩本以及宗寶本為主要的版本。

敦煌本

目前所能掌握到最早的《壇經》版本稱為「敦煌本」，全名是《南宗頓教最上大乘摩訶般若波羅蜜經六祖惠能大師於韶州大梵寺施法壇經》，下署「兼受無相戒弘法弟子法海廣記」。一般認為，這是法海抄錄，又稱為「法海本」、「敦煌法海本」。此版本二十世紀初葉於敦煌出土，為手抄本，故稱「敦煌寫本」。字數約一萬二千四百多字，文字質樸，內容不分品；敦煌本的內容大體被其後各版本《壇經》所承襲。

與敦煌本《壇經》相關的殘片或寫本，如敦煌本（大英博物館）、敦煌新本（敦煌博物館）、旅博本、北京本等，從字句、格式、內容等，都是源自同一種《壇經》。學術界將存於英國倫敦大英博物館編號「斯 5475（S.5475）」（原編號斯 377）的本子稱為「敦煌古本」，這是二十世紀二十年代日本學者矢吹慶輝在大英博物館所發現的，很長一段時間成為學者主要的底本，研究者眾多。而保存在敦煌博物館，編號為「敦博077」的本子，則稱為「敦煌新本」、「敦博本」。

惠昕本

惠昕本《壇經》是僧人惠昕所編。惠昕，生卒年不詳，約為晚唐時代的人。

惠昕所述〈六祖壇經序〉是這樣說的：「原夫真如佛性，本在人心；心正則諸境難侵，心邪則眾塵亦染。能止心念，眾惡自亡；眾惡既亡，諸善皆備。諸善要備，非假外求。悟法之人，自心如日，遍照世間，一切無礙。見性之人，雖處人倫，其心自在，無所惑亂矣。故我六祖大師，廣為學徒直說見性法門，總令自悟成佛，目曰《壇經》，流傳後學。古本文繁，披覽之徒，初忻後厭。余以太歲丁卯，月在蕤賓（指農曆五月），二十三日辛亥，於思迎塔院，分為兩卷凡十一門。貴接後來，同見佛性者。」

從序文中可以知道惠昕對《壇經》進行了加工、編輯等改動，文字也有所刪增。惠昕本字數相較於敦煌本多了兩千多字，約為一萬四千多字，書名題為《六祖壇經》。

惠昕本的出現讓《壇經》更為流傳，最早刻本是在北宋期間；據胡適考證，編寫時間為宋太祖乾德五年（即西元九六七年，惠昕序文中說的「太歲丁卯」）。到了宋徽宗政和六年（西元一一一六年）再刊，流傳到日本，被稱為「大乘寺本」。

除此之外，日本還有一個「興聖寺本」也與惠昕本有淵源。西元一九三三年，日本禪學家鈴木大拙於京都崛川興聖寺發現惠昕的《六祖壇經》古刊本，編者為「依真小師邕州羅秀山惠進禪院沙門惠昕」，還附了晁子健刊記；此版本正是晁子健在南宋紹興二十三年（西元一一五三年）於蘄州據惠昕再次刊行的重刊本。

契嵩本

契嵩本的全稱為《六祖大師法寶壇經曹溪原本》，簡稱「曹溪原本」，是北宋契嵩禪師在宋仁宗年間修訂編整而成。

契嵩（西元一〇〇七年至一〇七二年）為藤津人（今廣西省藤縣），俗姓李，字仲靈。十三歲落髮，隔年受具足戒。宋仁宗明道年間，古文運動大興，文壇排斥佛道，契嵩作〈輔教篇〉上表朝廷，以反駁排佛聲浪，一時蔚為轟動。然而，成名後的契嵩毅然離京，返回南嶽閉關修行，自號「潛子」。後雲遊至杭州靈隱寺，完成〈禪宗定國圖〉與〈正宗記〉。當時的開封府尹王仲義將契嵩的文章呈送給宋仁宗，皇帝大為激賞，賞契嵩紫方袍，敕號「明教禪師」；契嵩初不受，後於皇帝堅持下才領受。另有《鐔津文集》傳世。

契嵩本《壇經》是在宋仁宗至和年間（西元一〇五四年至一〇五六年）編輯完成。宋朝吏部侍郎郎簡於〈六祖壇經序〉云：「會沙門契嵩作壇經序，因謂嵩師曰：『若能正之，吾為出財模印，以廣其傳。』更二載，嵩果得曹溪古本，校之勒成三卷。」足見契嵩本在舊本《壇經》基礎之上，結合了其他文獻編輯整理而成。

契嵩本《壇經》共一卷，計十品，大約二萬一千多字。和敦煌本相較，惠能在大梵寺說法部分相同，其他部分則多有增加。到了元朝至元二十七年（西元一二九〇年），臨濟宗楊岐派僧人德異，於吳中（今蘇州）休休禪庵刊行契嵩本《壇經》，遂成為「至元本」、「德異本」；這個版本又傳到了朝鮮（今韓國），又稱為「高麗傳本」。德異本在明、清年代相繼都再刊。

宗寶本

在各《壇經》版本中，文字通暢、可讀性強，在明代之後廣為流行的，就是宗寶本《壇經》，也是本書參考的底本，由元代南海僧人宗寶潤色改編而成。

宗寶生卒年不詳，他曾住過韶州光孝寺。在〈六祖大師法寶壇經跋〉中，他說明了重編與校讎《壇經》的發心：

六祖大師平昔所說之法，皆大乘圓頓之旨，故目之曰「經」。其言近指遠，詞坦義明，誦者各有所獲。明教嵩公常贊云：「天機利者得其深，天機鈍者得其淺。」誠哉言也。余初入道，有感於斯，續見三本不同，互有得失，其板亦已漫滅，因取其本校讎，訛者正之，略者詳之。復增入弟子請益機緣，庶幾學者得盡曹溪之旨。按察使雲公從龍，深造此道。一日過山房睹余所編，謂得《壇經》之大全，慨然命工鋟梓，顓為流通，使曹溪一派不至斷絕。或曰：「達摩不立文字，直指人心見性成佛。盧祖六葉正傳，又安用是文字哉？」余曰：「此經非文字也，達摩單傳直指之指也。」南嶽青原諸大老，嘗因是指以明其心，復以之明馬祖、石頭諸子之心。今之禪宗流布天下，皆本是指。

而今而後，豈無因是指，而明心見性者耶？問者唯唯再拜謝曰：「予不敏。」請並書於經末以詔來者。至元辛卯夏，南海釋宗寶跋。

這篇跋讚美《壇經》內容皆是大乘圓頓之旨，也說明自己根據三種不同版本的《壇經》，相互參考、增補、校讎後，更正錯誤之處，同時將簡略處予以潤色添補。宗寶本《壇經》為一卷，共分為十品，約二萬多字。在內容上雖然有語句變動，但和契嵩本沒有太大的差異或出入。敦煌本尚未被發現之前，宗寶本最常見，也流傳得最廣。

關於《壇經》版本、內容以及作者真偽的研究，一直都是學術界關注討論的焦點。可以確定的是，在長期流傳的過程裡，通過歷代整理、修訂、增補或刪改，也顯現這部佛教典籍特別受到重視，是研究禪宗思想的重要瑰寶。所以，不論何種版本的《壇經》，在時空的遷流中，都有其重要的價值。

叁・燈燈相續

惠能之弟子及法脈傳承

吾本來茲土，傳法救迷情；一華開五葉，結果自然成。

惠能弟子眾多，得旨嗣法者四十三人，悟道超凡者更是不計其數。惠能大師圓寂後，弘傳最盛的為青原行思和南嶽懷讓兩大法脈。在青原行思之後，發展出曹洞宗、雲門宗及法眼宗；在南嶽懷讓之後，發展出溈仰宗和臨濟宗（其下又分黃龍派與楊岐派）。

青原行思

青原行思—石頭希遷（石頭宗）—藥山惟嚴（下開出曹洞宗）、天皇道悟（下開雲門宗、法眼宗）

位居惠能眾弟子之首的行思禪師，俗姓劉，生年不詳，卒於開元二十八年（西元七四〇年）。他出生於吉州安城（今江西省吉安市），在故鄉吉州青原山靜居寺弘法，故稱為「青原行思」。

行思自幼出家，個性靜默；他初見惠能的時候，就已經能契入佛心，泯滅凡聖，讓惠能大師十分器重。其得法之後回到青原山宣法，「四方禪客，繁擁其堂」。

雖然歷代文獻中對於行思的記載並不多。在《景德傳燈錄．卷五》裡記載神會參禮行思：

荷澤神會來參，師（即行思）問曰：「什麼處來？」會曰：「曹谿。」師曰：「曹谿意旨如何？」會振身而立。師曰：「猶帶瓦礫在。」

從兩人的應答中可知，行思看到了神會仍執著於身見，所以說他猶帶瓦礫。如同當年惠能對於神會未能契悟自性卻愛弄文字的個性，批評他只不過是

「知解宗徒」。

行思所傳弟子最著名的是希遷（西元七〇〇至七九〇年）。希遷俗姓陳，為端州高要（今廣東省高要縣）人。其原投入惠能大師門下；然而，六祖大師滅度時，希遷仍未受具足戒，後來前往依止行思禪師。

希遷住衡山南寺時，寺院的東方有石狀如臺，希遷便在石頭上結庵而居，人稱「石頭和尚」。

希遷機鋒簡捷，其宗旨為「即事而真」，提出「觸目是道」的修行方法，認為眼睛所見的一切都契合禪道，十分單刀直入，所以其禪風有「石頭路滑」之稱。其「石頭宗」與馬祖道一的「洪州宗」並列為唐代重要的兩大禪法。

希遷門下人才濟濟，著名法嗣有藥山惟嚴、天皇道悟、潮州大顛。藥山惟嚴弘傳禪法，後門形成了「曹洞宗」；而天皇道悟及其後弟子，到了五代衍為雲門、法眼兩宗。

南嶽懷讓

南嶽懷讓—馬祖道一（洪州宗）—百丈懷海—溈山靈祐（下開溈仰宗）、黃檗希運（下開臨濟宗）

懷讓禪師（西元六七七至七四四年），俗姓杜，是金州安康（今陝西省安康市）人，十五歲在荊州玉泉寺弘景律師座下出家。然而，出家學律令懷讓覺得這並非是「無為法」，後來又向慧安禪師學習，之後在慧安禪師的指點下參禮惠能。

懷讓十分受到惠能的重視，其侍奉大師長達十五年之久。後在南嶽衡山般若寺弘法，被稱為「南嶽懷讓」，開創了南嶽一系。

懷讓大力弘揚惠能的頓悟法門，強調心即是佛、以無念無宗。其修行方法簡便，宗旨為「淨心、自悟」，所以廣為流傳，信徒眾多。

當年惠能曾說：「汝足下出一馬駒，踏殺天下人」，正是指懷讓之弟子馬祖道一。

懷讓以「磨磚成鏡」為喻，啟發了馬祖道一。道一和尚常習坐禪，未能悟道。南嶽懷讓禪師去看他時便問他：「大德坐禪圖什麼？」道一回答：「圖作佛。」懷讓即取一磚在他庵前石上磨。道一問：「磨磚做什麼？」懷讓回答：「磨作鏡。」道一感到奇怪：「磨磚豈得成鏡？」懷讓反問：「磨磚既不成鏡，坐禪豈得成佛？」

接著，懷讓開導道一說：「如牛駕車，車若不行，是打車對還是打牛對？你是學坐禪，還是學作佛？若學坐禪，禪非坐臥；若學作佛，佛非定相。於無住法，不應取捨。」

從這個饒富趣味的接引中，懷讓告訴道一，不應該執著於身體上的打坐，進而啟發道一向內參究心地法門。

影響禪宗後世甚鉅的馬祖道一是漢州什邡（今四川省什邡縣）人，俗姓馬，生卒年說法各有不同，一說為西元七〇九至七八八年，或為西元六八八至七六三年。他在年少時隨羅漢寺處寂和尚出家，後來跟隨懷讓禪師參學十年，得開悟承繼法流。

道一主張「觸類是道，而任心」，在行、住、坐、臥以及應機接物等平常心就是道，這也是其修行的方法。道一常用「棒喝」來接引，重視機鋒，風格犀利為其特點。

馬祖道一自天寶元年（西元七四二年）在福建建陽佛跡嶺自創法堂登堂開示，後來又到了江西臨川、虔州（今江西贛縣）龔公山寶華寺弘法。唐朝大歷年間，道一來到洪州鍾陵（今江西省南昌市）開元寺說法，徒眾雲集，使洪州成為江南佛學中心，創立了「洪州宗」。他親傳弟子八十四人，法嗣一三九人，各方弘化，使得佛法極盛天下。

馬祖道一影響漢傳佛教最深的部分，就是開創叢林制度。《大智度論》云：

「僧眾和合居住於一處，猶如樹木聚集之叢林，故以之為喻。」由此可知，「叢林」指的是僧眾居住的寺院，建立叢林的目的最重要的是成立修道中心。

漢傳禪宗從菩提達摩到僧璨都是行頭陀行，隨緣而居無所定處，直到四祖道信「擇地開居，營宇立象」，方採取自耕自給的農禪方式。從道信到弘忍之後，僧眾越來越多，也延續這樣的自給自足。隋唐時代，許多禪師掛名在合法的寺院中，另外居住在巖洞、草屋或山舍；到了唐玄宗更大興律寺，這些對於禪修上有一定程度的不便。

馬祖道一開闢荒山，成立道場來安頓僧眾，並且延續禪門一直有的農禪風氣。百丈懷海承繼道一，更加以發揚，創立叢林清規，將佛教原有的大小戒律予以折衷，進行教規改革。

百丈懷海禪師（約西元七二〇至八一四年），俗姓王（一說姓黃），福建長樂人。二十歲時在西山從慧照禪師（為懷讓弟子）出家，後從南嶽衡山的法朝律師受具足戒，不久後便到廬江研讀經藏，對於經、律、論三學的修養都極為深厚。適逢馬祖道一南康龔公山弘法，懷海前往參學，隨侍道一，深得器重並獲得印可。懷海禪師與南泉普願、西堂智藏並稱「馬祖門下三大士」。

洪州當地有位鄉紳叫甘貞，他在大雄山建庵；聽聞當時入住在小雄山的懷海禪師道法高深，於是迎請懷海入庵，並改名為「百丈寺」。懷海禪師晚年常居於此，故世稱為「百丈懷海」。

懷海於百丈山自立禪院，發揚了道一「山林佛教」的精神。從馬祖創叢林到百丈立清規，都是以「不立佛殿，唯樹法堂」為原則。他創設有系統的叢林清規，倡導「一日不作，一日不食」，禪農並行，自給自足，讓僧團的自修自度更為完善。其《禪門規式》天下叢林無不奉行，宋朝儒者亦效法制度來設立書院，影響極深。

懷海承繼了馬祖道一及惠能大師的精髓，其主張為：

靈光獨耀，迥脫根塵；體露真常，不拘文字；

心性無染，本自圓成；但離妄緣，即如如佛。

百丈懷海是洪州禪的中堅，下開溈仰宗、臨濟宗。

荷澤神會

神會（西元六八四至七五八年）是南宗的得力人物，也是惠能大師著名法嗣。其俗姓高，為湖北襄陽人，自幼學習四書五經，通曉諸史和老莊，於國昌寺顥元法師下出家。其理解群經易如反掌，卻不喜歡講說。神會曾拜見神秀禪師，後入惠能門下。其人其事在本書「第一部分：示現」已有說明，故不贅述。

神會所傳禪法主張「寂知指體，無念為宗」，認為人人本來具有一顆寂然清淨之心，要藉由去除妄念來保持清淨心的本來面目。

神會的荷澤宗被當時的皇室奉為正統。荷澤宗法脈次第為神會、（磁州）

法如、惟忠、道圓、宗密，宗密成為集大成者（亦為華嚴宗五祖），至中唐後逐漸衰弱。

附錄

惠能大師年譜

歲數—西元—帝號—年號

一歲　六三八　唐太宗　貞觀十二年
二月初八子時惠能出生。

二十四歲　六六一　唐高宗　龍朔元年
惠能到黃梅禮五祖弘忍。

三十歲　六六七　唐高宗　乾封二年
正月初八至法性寺，風幡之論。
正月十五法性寺剃度。
二月初八受具足戒。

三十八歲　六七五　唐高宗　上元二年
弘忍大師圓寂。

四十歲　六七七　唐高宗　儀鳳二年
惠能回曹溪寶林寺重建道場。
刺史韋璩請惠能至大梵寺說法。

五十五歲　六九二　武則天　長壽元年
武則天派張昌期禮請惠能入宮，未果。

五十九歲　六九六　武則天　萬歲天通元年
朝廷再次派張昌期迎請惠能，未果。

六十二歲　六九九　武則天　聖曆二年
懷讓禮惠能。

六十四歲　七〇一　武則天　大足元年、長安元年
神會禮惠能。

六十八歲　七〇五　唐中宗　神龍元年
唐中宗派薛簡詔惠能入京，惠能辭疾不受。

七十歲　七〇七　唐中宗　景龍元年

中宗下令重修中興寺，並改名為法泉寺。

七十五歲　七一七　唐睿宗　太極元年

唐玄宗　先天元年

惠能命門人至新州國恩寺建塔。

惠能從曹溪歸國恩寺。

七十六歲　七一三　唐玄宗　開元元年

八月初三惠能圓寂。

參考資料

【佛經、古籍】

唐　王維，〈六祖能禪師碑銘〉，收錄於《全唐文》卷三二七。

唐　法海，〈六祖大師法寶壇經略序〉，收錄於《全唐文》卷九一五。

唐　法海編，《南宗頓教最上大乘摩訶般若波羅蜜經六祖惠能大師於韶州大梵寺施法壇經》（敦煌本），收錄於《大正藏》卷四十八。

唐　宗密，《禪源諸詮集都序》，收錄於《大正藏》卷四十八。

唐　柳宗元，〈曹溪第六祖賜謚大鑒禪師碑〉，收錄於《全唐文》卷五八七。

唐　淨覺，《楞伽師資記》，收錄於《大正藏》卷八十五。

唐　道宣，《續高僧傳》，收錄於《大正藏》卷五十。

唐　劉禹錫，〈大唐曹溪第六祖大鑒禪師第二碑〉，收錄於《全唐文》卷六一〇。

《曹溪大師別傳》，收錄於《卍續藏》冊一四六。

《歷代法寶記》，收錄於《大正藏》卷五十一。

後晉　劉昫、趙瑩等編修，《舊唐書》卷一九一。

宋　永明延壽，《宗鏡錄》，收錄於《大正藏》卷四十八。

宋　普濟，《五燈會元》，收錄於《卍續藏》冊一三八。
宋　道原，《景德傳燈錄》，收錄於《大正藏》卷五十一。
宋　契嵩，《傳法正宗記》，收錄於《大正藏》卷五十一。
宋　贊寧，《宋．高僧傳》，收錄於《大正藏》卷五十。
元　宗寶編，《六祖大師法寶壇經》（宗寶本），收錄於《大正藏》卷四十八。

【現代專書】

丁福保/註，《六祖壇經箋註》，華東師範大學出版社。
仇江、曾燕/校，《光孝寺志》，廣東教育出版社。
王溢嘉，《六祖壇經4.0：覺醒、實踐、療癒、超越》，有鹿文化事業有限公司。
李中華/注譯，丁敏/校閱，《新譯六祖壇經》，三民書局。
李繼武/校點，《敕修百丈清規》，中州古籍出版社。
林鉅秦編繪，《曹溪六祖．惠能大師》，佛光文化。
周永生、劉豫徽，《惠能》，陝西師範大學出版社。
孫昌武，《禪宗十五講》，中華書局。
許鶴齡，《六祖慧能的禪學思想》，雲龍出版社。
張華/點校，《祖堂集》，中州古籍出版社。

溫金玉，《慧能法師傳》，宗教文化出版社。
楊惠南，《惠能》，東大圖書公司。
釋印順，《中國禪宗史》，慧日講堂。
釋星雲，《六祖壇經講話》，新世界出版社。
釋聖嚴，《禪門驪珠集》，法鼓文化。

【其他】

林崇安，〈六祖壇經的祖本及其演變略探〉，收錄於《法光雜誌》第一七五期，西元二〇〇四年。
香光雜誌社編輯組，〈六祖傳奇〉，收錄於《香光莊嚴》雜誌第九十四期，西元二〇〇八年，網址：http://www.gaya.org.tw/magazine/v1/issue.asp?article=94.97.6.20S04.htm
楊曾文，〈《六祖壇經》版本介紹〉，國立臺灣大學佛學數位圖書館暨博物館，網址：http://enlight.lib.ntu.edu.tw/FULLTEXT/JR-AN/102692.htm
慈怡主編，《佛光大辭典》，佛光文化。
佛門網，《佛學辭彙》（網路版）。
維基百科
百度百科

國家圖書館出版品預行編目（CIP）資料

六祖惠能：禪源曹溪／李明書編撰 — 初版
臺北市：經典雜誌，慈濟傳播人文志業基金會，2019.08
400 面；15×21 公分 —（高僧傳）
ISBN 978-986-98029-1-8（精裝）
1. 六祖壇經 2. 禪宗 3. 佛教修持
226.65 108011606

六祖惠能——禪源曹溪

創 辦 人／釋證嚴

編 撰 者／李明書
主編暨責任編輯／賴志銘
行政編輯／涂慶鐘
美術指導／邱宇陞
插圖繪者／林國新
校對志工／林旭初

發 行 人／王端正
合心精進長／姚仁祿
傳 播 長／王志宏
平面內容創作中心總監／王慧萍

內頁排版／尚璟設計整合行銷有限公司
出 版 者／經典雜誌
慈濟傳播人文志業基金會
112019臺北市北投區立德路2號
客服專線／（02）28989991
傳真專線／（02）28989993
劃撥帳號／19924552 戶名／經典雜誌
印 製／新豪華製版印刷股份有限公司
經 商 商／聯合發行股份有限公司
231028新北市新店區寶橋路235巷6弄6號2樓
（02）29178022
出版日期／2019年 8 月初版一刷
2021年12月初版四刷
定 價／新臺幣380元